認知症と共に生きる人たちのための

パーソン・センタードなケアプランニング

ヘイゼル・メイ
ポール・エドワーズ　著
ドーン・ブルッカー

水野　裕 監訳
中川経子 訳
Mizuno Yutaka
Nakagawa Michiko

無断転載を禁ずる。この出版物はその一部分でも（それを電子的方法によって、いかなる媒体にもコピー［写真複写］すること、または、保存すること、また、一時的であっても、偶発的［付随的］であっても、この出版物を何か他の目的に利用することを含め）、いかなる形態であっても複製することは、著作権者の文書による許諾なしには禁じられている。ただし、Copyright, Design and Patent Act 1988 の規定、あるいは、Copyright Licensing Agency, Ltd, Saffron House, 6-10 Kirby Street, London, ECIN 8TS より発行される著作権使用許諾書（契約書）の条項により使用が許諾されている場合には、この限りではない。この出版物の一部あるいは全部の複製に関する著作権所有者の文書による許諾を得るためには、その旨を出版社宛に申請しなければならない。

警告：著作権のある出版物に関連する不正行為の実行は、損害賠償に関する民事罰および刑事罰を招来する可能性がある。

✓マークのあるページは、個人的な非営利目的での、この出版物の利用に伴う使用に限り複写して使用することができる。しかし、その他の使用は、いかなる目的のものであっても、出版社の許可がない限り複製を禁ずる。

Copyright © Hazel May, Paul Edwards and Dawn Brooker 2009
This translation of **Enriched Care Planning for People with Dementia**
is published by arrangement with Jessica Kingsley Publishers Ltd.

この本を読む前に

　この本は、認知症の人の過去ではなく、「今、この時」について焦点をあてて、ケアプランニングをすることを前提としている。ざっと、この本を眺めると、詳細な生活史に関する情報を収集し、その個人の過去の姿を浮かび上がらせようとしている、よくあるアセスメントシートのように見えるかもしれない。しかし、全編を通して、貫かれている理念がある。それは、もう、信念と言ったほうが適切な気がする。そして、この信念こそが、それらの多く出回っている書籍とこの本との違いを際立たせている。

　それは、ケアプランニングに関する行動の一つひとつが、すべて本人にまず聞き、本人と相談し、同意を得ながら、行われている、という点である。たとえ、家族であっても、本人以外の人に聞きたい時は、本人にその旨を説明し、了解を得なければならない、という、確固たる信念がすべての項に書かれている。筆者はその理由を、特別述べてはいないが、何度か読んでいるうちに、その理由は以下の２点に集約されるのではないかと思う。

　１点目は、パーソン・センタード・ケアの基本的な姿勢は、本人を私たちの輪からはずさない、ということであるから、ケアプランを作成する行為においても、それを実行すべきだということである。十分な会話ができない人の場合は、相談などできないではないかと、反論や疑問をもつ人がいるかもしれない。しかし、パーソン・センタード・ケアの考えでは、相手が、私たちにとって意味のある返答をすることよりも、『私に話しかけてくれている』『私を無視していない』と本人に感じていただくことこそが、より重要なのである。

　どんなよいアプローチを工夫しようが、そのために適切な情報を得る努力をしようが、本人を除いた場で行なっている行為は、それ自体、パーソン・センタード・ケアの中核をなす心理的ニーズを阻害する行為であり、本人を「よくない状態」に貶めてしまう可能性がある。そのため、情報を集める、という行為をする時から、まず、本人に尋ね、それを手がかりに、ニーズを探るべきである。さらに、その人が、よりよい状態になるために、必要としている情報があるのなら、その人の了解を得たうえで、はじめて、家族や、友人等の関係者に情報を得るべきであるという

信念である。どんなに認知障害が重くなっても、彼らを私たちの輪からはずすことはない、といった姿勢を、ケアプランニングにあたっても、まず守るべきだと強く訴えているのである。もしも、自分で自分のニーズを訴えられない人であれば、私たちが、彼らの表情、行動などを通して、求めているニーズに迫ろうと努力し、あくまでも、（会話が成立しない人であっても）「（○○さんに、あなたのことを尋ねてもいいですか？」と問いかけ、その反応（表情やしぐさ）を確認してから、家族、友人等に問いかけるべきだというのである。したがって、相談する、同意をとる、という日常的に私たちが用いる言葉の意味からは、程遠いような、ほとんど会話ができなかったり、記憶障害が重度で家族や友人の名前すらいえなかったりするレベルの人をも対象となりうるのである。

　さらに、本人に必ず聞くという信念の背景にある理由の2点目は、私たちが、求めているのは、必ずしも、客観的な事実とは限らない、ということである。言い換えれば、パーソン・センタードなケアプランニングのために真に必要なものは、"本人から見た事実"であって、客観的な事実とは限らない、と表現したらよいだろうか。監訳者である私は、10年近く、「ご本人が話し合う会」を続け、ほぼ毎回出席している。別に過去の事実を探ろうとか、家族から聞いている客観的事実に基づいて、会話をしようとも、思っていないから、ご本人たちは、あることないこと、自由に、会話を交わす。そこでは、「トラックの運転をしていて、愛知県以外にもいろいろなところに行っていた」と言っていた男性が、別の時には、「いやぁ、しょっちゅう、釣りばかりしていた」などと、その時々、異なることを言い、どちらが事実であり、本当の生活史なのかわからないような人がいる。もし、家族に聞けば、「何歳から何歳までは、トラックの宅配をしていて、その後は、○○会社で定年まで勤務。釣りは、あまり行っていないはず」などと、事実に基づいた情報を教えてくれるだろう。しかし、それが、"彼の本当の生活史"だろうか。「毎日、釣りばかりしていた」と思っていれば、それこそが、今のその人の（世界の）中の真実であるはずである。だから、本人に尋ねるべきだし、本人が語る生活史を記載すべきなのである。それは、必ずしも、時系列に沿った事実とは限らず、ほんの一時期の体験が強調されていたり、実際にはなかったことだが、本人が「こうしたかった」「こうなりたかった」という空想の世界が繰り広げられたりしているかもしれない。さらに、それらは時に変わり得る。したがって、一度、生活史という欄を完成させたら、二度と変更がされないということはなく、何度も、修正されるべきものである。それこそが、その人のニーズが変化している、という

ことを示しているはずである。だから、この本の最後にある書式の中にある、生活歴に関するシートも時に書き換えられることを前提に作られている。

　どうか、この本をお読みいただき、通読した後には、思うように会話ができない人であっても、本人の隣に座り、あれこれ尋ねながら（たとえ話せなくても！）、ご本人と共に、本人の世界にあるニーズを探ってほしい。そうすれば、パーソン・センタード・ケアという理念・信念に基づく、ケアプランニングとは何か、ということを、肌で感じることができるだろう。

監訳者　水野　裕

謝 辞

　この本を書き上げるために、少なくとも5年という時間がかかりましたが、今、振り返ってみると、これはかかるべくしてかかった時間だったと感じています。当初の計画通り2年前にこの本を完成していたら、今ではすでに役に立たないものになっていたでしょう。もっと正確に言えば、実際のケアを行なっている人たちの視点を欠いた本となっていたということです。

　この本を書くことになったそもそものきっかけは、Bristol（ブリストル）にあるAspects and Milestones Trust（アスペクツ・アンド・マイルストーンズ・トラスト）という認知症をもつ人たちのための介護施設の管理者である、Mike Nunn（マイク・ナン）とLynn Williams（リン・ウィリアムズ）からの依頼でした。この二人の管理者たちは、利用者一人ひとりの独自性に適した質の高いパーソン・センタードな認知症ケアを提供したいと考え、そのためには、スタッフたちの支えとなる、トレーニング・プログラムとケアプラン作成法が一体化された、すべてがそろっている、特製の"パッケージ"がほしいと考えていました。この"パッケージ"を考案し、実際に作り上げることができたのは、ブラッドフォード認知症ケア研究グループ（Bradford Dementia Group）の同僚だった、Caroline Baker（キャロライン・ベイカー）とClaire Surr（クレア・スー）が、ナース・マネージャーや私たちに協力してくださったおかげです。トレーニング・プログラムもケアプラン作成のための書式も、時間を経て進化し改善されてきました。これは、ひとえにアスペクツ・アンド・マイルストーンズのスタッフの皆様からいただいた、思慮深くきめ細かなフィードバックや提案のおかげです。

　この本を書くにあたり応援してくださった皆様、また最終版作成のために協力してくださった同僚や友人たちにも、以下にそのお名前を記し感謝の意を表したいと思います。Fiona Sands（フィオナ・サンズ）、Lorraine Haining（ロレーン・ヘイニング）、Guy Page（ガイ・ペイジ）、また、ExtraCare Charitable Trust（エクストラケア慈善トラスト事業）、the Royal Hospital Chelsea（チェルシー王立廃兵院）、Manchester Care（マンチェスター・ケア）、the Royal British

Legion［英国在郷軍人会］の第一線で働くケアスタッフの方々にも、厚くお礼を申し上げます。

　スピリチュアルなニーズ※に関する話し合いをする際に役に立つ質問について、提案をしてくださったErrollyn Bruce（エロリン・ブルース）に、心から感謝申し上げます。

　Christine Bryden（クリスティーン・ブライデン）の言葉は、私たちに感動と謙虚な気持ちを与えてくれました。この本は、彼女の言葉に大きな影響を受けました。クリスティーンからのこのような贈り物に、深く感謝しております。

　最後に、著者Hazel May（ヘイゼル・メイ）の家族、Peter（ピーター）、Lauren（ローレン）、Jonathon May（ジョナサン・メイ）、そして、Paul Edwards（ポール・エドワーズ）の家族、Ruth（ルース）、Sophie（ソフィー）、Beth（ベス）、Joe Edwards（ジョー・エドワーズ）に、感謝を捧げます。認知症をもつ人たちの経験がよりよいものとなるために何か貢献したいという私たちの気持ちを理解し、愛と支援を与えてくれたことを、何よりもありがたく思っています。

　　　　　Hazel May（ヘイゼル・メイ）、Paul Edwards（ポール・エドワーズ）、
　　　　　　　　　　Dawn Brooker（ドーン・ブルッカー）
　　　　　　　　　　　　　　　　　　　　　　　2008年　秋

※スピリチュアルなニーズとは、スピリチュアリティに関係するニーズのことです。スピリチュアリティとは、その人の精神世界に関係し、宗教、信心などはもとより、人生についての考えなどを広範に含むものです。（3章から）

はしがき

　2009年に英国保健省が打ち出した国家認知症戦略（National Dementia Strategy）は、認知症の人たちが、認知症と共によりよく生きる（living well with dementia）可能性を重要視しています。今では、ケアの質を改革する必要があることや、十分な知識を備えた有能なケア専門の人材が必要であることが、広く認識されています。同時に、認知症の人たちが、よりよく生きることを強力に支えてゆくためのツールを、ケアの実践家や専門家たちに提供しなければならないという差し迫ったニーズがあります。本書『認知症と共に生きる人たちのためのパーソン・センタードなケアプランニング』は、まさにそのようなツールです。キットウッドのパーソン・センタードなアプローチに基づき、認知症の人たちが、真によりよく生きることができるようにするための、実用的な手引書です。

　この本は、認知症をもつ人たちの生活の身体的、心理的、社会的側面を評価し焦点を絞って取り組むための具体的で実用的な枠組みを提供しています。この本は、介護家族、実務者、専門家たちとの数年にわたる協力によって編み出されたもので、パーソン・センタードなケアプランを作成するために、実際に役に立つ手引書です。

　ケア実践の現場には、認知症をもつ人たちと家族の方々が現在置かれている状態をよいものに変えたいという気構えも決意もあり、これほどよいタイミングの出版はなかったでしょう。皆様にこの本をご紹介できることは、私の喜びです。

ブラッドフォード大学
認知症学部学部長 Murna Downs（マーナ・ダウンズ）
2009年5月

はじめに

　認知症ケアの専門分野では、研究や、開発、資金など重要な貢献が世界レベルで、行われてきました。それにもかかわらず、新しい発見や、知識、予算は、現場で直接に認知症をもつ人々に関わって働くケアワーカーや、一般の人たちには、未だに、満足に届くことはなく、支援も貧弱なものにとどまっています。これは、これから先、認知症をもつ人々へのケアを提供している数多くの人たちが、パーソン・センタード・ケアを実践してゆけるように、一層彼らの意識を高め、技能を向上させるだけでなく、一般社会へも正しい理解を深めることが必要であり、そのための研修や教育、予算を充実させる必要があるということを意味しています。

　それにしても、過去15年という歳月はこの分野の専門家たちにとって感慨深いものがあります。この間、私たちは、認知症をもつ人たちのための専門的なサービスの発展や、パーソン・センタード・ケアが、認知症に対する最も新しい、満足できる取り組み方として普遍化されてきたことを、目の当たりにしてきました。現在では、認知症をもつ多くの人たちが自分の経験を私たちに伝えることができる（Keady1996; Harris2002;Sabat2001）こと、また、彼ら自身の生活の質について、自らの意思で語ることができる（Mozleyほか1999）ことを示唆するエビデンスも、たくさんあります。さらに、以下の二つの引用でも明らかなように、認知症と共に生きる多くの人たちが、一人の"完全な人"として理解されるニーズ、親しく信頼できる介護者と共にいるニーズ、一貫性のある丁寧で適切なヘルスケアやソーシャルケアを迅速に受けるニーズ、さらに、自分たち自身のケアプランを作成する際には積極的で中心的な役割を果たすニーズについて、自分たちの経験をはっきり述べるようになり、このことが私たちの視野を広げてきました。

　　　一度にたくさんのことをやらなければならなくなると、集中しようとして残っている脳を総動員して夢中になる。そんな時は休めと言っても無駄だ。その仕事をやり終えられるように手伝ってもらうしかない。（『私は私になっていく――認知症とダンスを』クリスティーン・ブライデン、馬籠久美子・桧垣陽子訳、p.143）

それで、私が、「そう、公共医療サービスで私のケアプランを作ったの」と言うと、彼が、「ああ、作ったの、誰が？」と言ったので、作ったのは看護師だと彼に言いました。すると、彼が、「あ、じゃ、彼女の電話番号を教えてくれない？」と言ったのです。「そんなことしなくても、私が彼女に電話をかけて、彼女が出たらあなたと代わるから、話せばいいじゃない」と、私は言いました。そして、その通り、私は彼女に電話をかけて、実際に彼が保健指導員と話せるように、彼に受話器を渡したのです。（認知症を抱えて生きる人の声から）（アルツハイマー病協会 Alzheimer's Society 2008, p.32）

　肯定的な面について言えば、実践を向上させるために、芸術や、様々な心理社会的取り組みや、広範囲の理論的な枠組みに目を向けて、私たちができることの範囲を広げてくることができました。今では、国内外の出版物、学会や研究会、教育・研修資源が認知症と共に生きる人たちを支援しています。しかし、パーソン・センタード・ケアの実践となると、依然として現実ではなく理想としてとどまっており、これらの資源の大部分のものは、自宅にしても多くの普通のケア環境にしても、ケアの現場までは行きわたっていないのです。

　理念と実践の間にある隔たりを埋めることは、困難なことですが、これまでも、これからもやり遂げなければならない私たちの課題です。ブルッカーが述べているように、「サービスが提供されている現場をさっと見ただけでも、あるいは、認知症をもつ人たちやその家族と簡単な会話を交わしただけでも、認知症をもつ人たちは社会からその価値を認められていないということが暗に伝わってくる」のです（Brooker 2006, p.31）。

　「認知症と共に生きる人たちのためのパーソン・センタードなケアプランニング」は、認知症と共に生きる人たちや彼らのケアをする人たちにとって、一つの資源とも言えるものです。このケアプランニングは、心理社会的および生物、医学的理論に根ざした実用的な資源を提供してきたので、理念と実践の間の隔たりや、ヘルスケアモデルとソーシャルケアモデルとの間の隔たりを埋めるものであることが明らかとなってきました。このよい実践のためのガイドには、パーソン・センタード・ケアを提供するうえで焦点とすべき重要な部分について説明がされており、その人の全体像をどうとらえるか、健康や、認知的、社会的、心理社会的なニーズをいかにとらえ、それらが本人のニーズにマッチしているかを確認し、さらにそれらをどう記録するかという手順が書かれています。これは、認知症を

もつ人が適切に参加をすることができるように、彼らと共に行うプロセスを通して、直接ケアを提供する人たちがパーソン・センタード・ケアを実践してゆくために、待ち望まれていた枠組みを提供するものであると、私たちは考えています。

「認知症と共に生きる人たちのためのパーソン・センタードなケアプランニング」は、５年という期間を費やしてナーシング・ホームや入居施設、住宅供給事業や家族介護者を含む様々な認知症ケア施設や在宅で、試験的に使用され、検討されてきました。

このガイドは、実際の事例から引き出した、パーソン・センタードなケアプラン作成の手順を詳細に説明しています。また、パーソン・センタードなケアプラン作成用の書式も一式付いています。実際に役に立つパーソン・センタードなケアプラン作成に必要とされる情報を収集し記録するステップに従って書式を使えば、認知症をもつ人とその援助者たちが話し合いながらパーソン・センタードなケアプランを作成する時に役に立つでしょう。

用語について

「援助者（carer）」という言葉は、認知症をもつ人を支援する役割をもっている人を表すために使われています。この中には、専門家、仕事として介護にたずさわる人、介護家族、友人や支援者が含まれています。

Enriched Care Planning
for People with Dementia

認知症と共に生きる人たちのための
パーソン・センタードなケアプランニング

CONTENTS

この本を読む前に	3
謝辞	6
はしがき	8
はじめに	9

第1章　パーソン・センタードなケアプランニングとは？ … 17

1. パーソン・センタードなケアプランニング——目的を達成するための手段 … 18
2. パーソン・センタード・ケアはよい状態をもたらす … 19
3. パーソン・センタードな"援助者"であるために、重要視しなければならないこと … 20
4. パーソン・センタードなケアプランニング——プロセス … 23
5. パーソン・センタードなケアプランニングの要点はコミュニケーション … 26
   まとめ … 30

第2章　人生歴 … 31

1. 人生歴の全体像を把握するための書式を使う … 35
2. 人生歴を知ろうとする作業から、ニーズを探り、それが本人のニーズにマッチしているかを再考し、それを文書にする … 46
   まとめ … 52

第3章　今までの生活スタイルとこれからの生活に望むこと … 53

1. 今までの生活スタイルとこれからの生活に望むことの全体像を把握するための書式を使う … 56
2. 今までの生活スタイルとこれからの生活を知ろうとする作業から、ニーズを探り、それが本人のニーズとマッチしているかを再考し、それを文書にする … 76
   まとめ … 81

第4章　性格傾向 … 83

1. 性格傾向の全体像を把握するための書式を使う … 87
2. 性格傾向を知ろうとする作業から、ニーズを探り、それがその人のニーズにマッチしているかどうかを再考し、それを文書にする … 91
   まとめ … 95

第5章　心と体の健康 ……………………………………………… 97

1. 心と体の健康の全体像を把握するための書式を使う ………… 101
2. 心と体の健康の全体像を知ろうとする作業から、ニーズを探り、
   それがその人のニーズにマッチしているかを再考し、それを文書にする …… 154
   まとめ ……………………………………………………………… 157

第6章　何かをする潜在的な能力 ………………………………… 159

1. 関わりをもつこと ………………………………………………… 161
2. 何かをする潜在的な能力を理解し、認識すること …………… 162
3. 何かをする潜在的な能力の全体像を把握するための書式を使う …… 167
4. 何かをする潜在的な能力を知ろうとする作業から、ニーズを探り、
   それがその人のニーズにマッチしているかを再考し、それを文書にする … 171
   まとめ ……………………………………………………………… 174

第7章　認知能力 …………………………………………………… 175

1. 認知症と脳 ………………………………………………………… 177
2. 認知能力の全体像を把握するための書式を使う ……………… 183
3. 認知能力を知ろうとする作業から、ニーズを探り、
   それがその人のニーズにマッチしているかを再考し、それを文書にする …… 197
   まとめ ……………………………………………………………… 201

第8章　今まさに生きている人生 ………………………………… 203

1. 今まさに生きている人生の全体像を把握するための書式を使う ……… 208
2. 今まさに生きている人生の全体像を知ろうとする作業から、ニーズを探り、
   それがその人のニーズにマッチしているかを再考し、それを文書にする … 212
   まとめ ……………………………………………………………… 215

第9章　パーソン・センタードなケアプランを実行し、見直しをする …… 217

1. コミュニケーション ……………………………………………… 218
2. 時間管理（時間とそれにかかるコストを意識する）………… 222
3. 重要な理念 ………………………………………………………… 223
4. VIPSのモデルを使って、パーソン・センタードなケアプランを実行し、
   見直しをする …………………………………………………… 224
   まとめ ……………………………………………………………… 226
5. むすびに …………………………………………………………… 227

ケアプランの書式 ……………………………………………………… 228

書式1
1. 人生歴の全体像を把握するための書式 ……………………………… 228
2. 今までの生活スタイルとこれからの生活に望むことの
   全体像を把握するための書式 ………………………………………… 232
3. 性格傾向の全体像を把握するための書式 …………………………… 234
4. 心と体の健康の全体像を把握するための書式 ……………………… 235
5. 何かをする潜在的な能力の全体像を把握するための書式 ………… 239
6. 認知能力の全体像を把握するための書式 …………………………… 240
7. 今まさに生きている人生の全体像を把握するための書式 ………… 242

書式2
パーソン・センタードなアプローチにより把握された全体像と
ケアプランの表紙──カバーシート ……………………………………… 243
1. 全体像のサマリーシート ……………………………………………… 244
2. 鍵となる重要な情報シート …………………………………………… 245
3. 私のパーソン・センタードなケアプラン …………………………… 246

Useful Resources 役に立つ情報資源のリスト …………………………… 247

References 引用文献 ……………………………………………………… 251

翻訳者あとがき …………………………………………………………… 254

表と図

図1-1　認知症のパーソン・センタード・モデルと
　　　　パーソン・センタードなケアプランニングの枠組みとの関係 ………… 25
図1-2　パーソン・センタードなケアプランニングにおける5つの段階 ……… 25
図5　　プレートガード ……………………………………………………… 105
表6-1　関わりの次元 ………………………………………………………… 165
表6-2　何かをする潜在的な能力 …………………………………………… 168
表6-3　何かをする潜在的な能力を引き出すための支援ガイド ………… 170
図7-1　大脳を右側面から見た図 …………………………………………… 178
図7-2　認知機能を支援するために、誰もが実践すべき取り組み ……… 194
図8　　心理的ニーズを表すキットウッド(Kitwood)の花の絵 ………… 206

第1章

パーソン・センタードな
ケアプランニングとは？

What is Enriched Care Planning?

1 パーソン・センタードなケアプランニング
——目的を達成するための手段

　パーソン・センタードなケアプランニングは、パーソン・センタード・ケアを実践するという目的を達成するための手段です。パーソン・センタード・ケアとは、ドーン・ブルッカーの説明によれば、年齢や認知障害の有無にかかわらず人々の価値を認め、一人ひとりの独自性を尊重し、認知症をもつ人の視点をすべてのケアプラン作成の中心におき、意義ある生活ができる人としてその人の価値を認め、その人たちが周囲との人間関係を維持できるように相互に支え合う社会環境を提供することです（Brooker 2006）。

　パーソン・センタード・ケアのこの定義は、次に挙げる重要な4つの要素をもって、さらに具体的に説明することができます。

V（Valuing）：あらゆる人々の価値を認めること

　これは、認知症をもつ人たちとそのケアにたずさわる人たちの価値を認めることです。年齢や認知能力の有無やその程度にかかわらず、すべての人には人としてのあらゆる権利があることを認識し、それが行使されるように推し進めることを示しています。

I（Individualized）：個人の独自性を尊重すること

　これは、一人ひとりの独自性を尊重して、関わることです。すべての人には、それぞれ独自の人生歴や性格傾向があり、心身の健康状態や、その人を取り巻く社会・経済的状況はそれぞれ違うことを理解することを示しています。

P（Perspective）：その人の視点に立つこと

　これは、認知症をもつ人たちの視点から世界を見ることであり、また彼らの声に耳を傾けることでもあります。今、その人が体験している世界は、その人の心理的立場に立てば、当然なものです。私たちは、認知症をもつ人たちが彼ら一人ひとりの視点から世界を見て行動していることを理解し、さらには、一人ひとりの視点に共感をもって理解しようとすること自体に、その人がよりよい状態になる力を引き出す可能性がある、と認識すべきであるこ

とを意味しています。

S（Social）：相互に支え合う社会的環境を提供すること

　これは、心理的ニーズを満たし、相互に支え合う社会的環境を提供することです。すべての人は、相互の人間関係の下に生活をしていることを認識する必要があります。また、認知症をもつ人たちは、彼らの機能障害を補い、彼らが一人の人として成長し続けることができる社会的環境を必要としていることを認識しなければならないということを意味しています。

　パーソン・センタード・ケアのこれら4つの要素を説明する時や、議論する際には、今、説明した、4つの英単語の頭文字をとって、**VIPS**という4文字を使ってみたらどうでしょう。より、覚えやすく話しやすくなるでしょう。VIPは、英語では、非常に重要な人という意味がある言葉ですし、VIPSは、その複数形です。

2　パーソン・センタード・ケアはよい状態をもたらす

　よい状態とは、その人が、今、リラックスしていて、心地よいと感じ、安心して過ごしていることを意味しています。よくない状態とは、周囲と関わりがもてず、感情・気分が相対的にネガティブな状態にあることを意味しています。認知症になれば、必ずしも、よくない状態になるわけではありません。認知症をもつ人たちとその周囲の人たち（"援助者"）の人間関係が、実際の業務よりも、軽んじられるような文化の中で行われる不適切なケアが、よくない状態を生じさせる可能性が高いのです（Edvardsson, Winblad and Sandman 2008）。ブラッドフォード認知症ケア研究グループで、私たちが行なった調査や実践向上のための研究では、パーソン・センタード・ケアが実践されれば、認知症をもつ多くの人たちがよい状態でいられるということが明らかになっています（Ballard et al. 2001; Brooker, Woolley and Lee 2007; Surr 2006）。

3 パーソン・センタードな"援助者"であるために、重要視しなければならないこと

　パーソン・センタード・ケアは、単に、やさしさや思いやりがあるだけでは、実践できません。それには、認知症をもつ人が暮らすコミュニティー（共同体）の人々が一体となって、その人のあらゆる人間関係に特別な注意を払い、その人のパーソンフッド※を維持すること、その人が地域社会の一員として共にいる、という実感がもてるよう、輪に入ってもらえるようにし、その人にとって障害となるものをなくすように環境を整えること、さらに、その人の行動は何か重要なことを伝えようとしているという理解に基づいて対処するよう、特段の注意を払うことが、求められます。

※パーソンフッド
　トム・キットウッドによって提唱された、パーソン・センタード・ケアの核となる考え。彼は、認知症を抱えて生きる人々にとって、「くつろぎ、アイデンティティ、愛着・結びつき、たずさわること、共にあること」の5つの心理的ニーズ（8章参照）は、非常に重要であり、最後まで、変わることはなく、たとえ進行しても、これらが満たされれば、これらを包含する愛情のニーズが満たされ、よりよい状態となりうると考えた。そしてこれらの包括的な概念をパーソンフッド（一人の人として、周囲に受け入れられ、尊重されること）と表現した。「パーソン・センタード・ケアとDCM」コース（8章参照）のテキストには、"一人の人として、周囲の人や社会との関わりをもち、受け入れられ、尊重され、それを実感している、その人のありさまを示す。人として、相手の気持ちを大事にし、尊敬し合うこと。互いに思いやり、寄り添い、信頼し合う、相互関係を含む概念である。"と記されている。（監訳者注）

●人間関係

　ケアを提供することと、ケアを受けることには、かならず感情が伴います。これは認知症をもつ人たちと支援を提供する人たちの間の人間関係についても言えることです。認知症をもつ人たちと、ケアを提供する人たちが、お互いにどう関わり合い、よい関係を続けていくかということは、双方にとって、とても大きな影響を与えます。パーソン・センタードなケアプランニングと

いうアプローチは、この点を重視し、認知症をもつ人の"今まさに生きている人生"の質を探るための体系を提供するものです。

●パーソンフッドを維持すること

　パーソン・センタードであることの極めて重要な側面は、それぞれの人が、その人の感じている世界で、生き生きと生きられるように支援し、それによって、自分は確かに自分であって、一人の人間として遇されている、という実感をもち、さらに、彼らの深い内面の世界が損なわれないまま維持されるように支援することです。言い換えれば、"援助者"は、関わりをもつ機会を最大限にする方法を見つける必要があること、そうすることによって、一人ひとりの人が、自分は生きていること、"パーソンフッドを尊重し合う仲間たち"の一員である一人の人間であることを実感することができるようにする必要があるということを意味します。これは、ただ単に、その人と視線を合わせながら、その人が飲食をするのに援助をし続ける行為を意味することもあるかもしれませんし、あるいは、その人の生きてきた道のり（人生歴）の意義を見つけ出し、その情報を使って、人間関係を作り上げていくことかもしれません。一人ひとりの人に対して、このような細やかな注意を向けることも、パーソン・センタードなケアプランニングの一部です。

●共にあること

　パーソン・センタードなケア環境では、"援助者"の役割の一つは、たまたまそのような機会に出会うのを待つのではなく、認知症をもつ一人ひとりの人が、必ず他の人たちと相互に関わることができる環境に招き入れられるように力を尽くすことです。これはいつも、グループに加わることができるようにと、歓迎の気持ちや、勧誘の意図を言葉で表したり、言葉を使わなくても、手招きをしたり、手をとったり、視線を合わせることによって、実行することができます。そうすることの目的は、それぞれの人が、周囲の人たちに受け入れられ、その集まりの一員であると実感してもらうためです。

　人々が普通に考えているのとは違って、認知症をもつ人たちは、日々の生

活の中で起きていることについて、自分の意見や気持ちを周りに伝えることができます（Alzheimer's Society 2008; Barnett 2000; Brod et al. 1999; Mozley et al. 1999）。パーソン・センタードなケアは、認知症をもつ人と協力して、隠し立てすることなく、話し合い、同意を得て行われるべきです。パーソン・センタードなケアプランニングによるアプローチを使う時には、ケアスタッフや家族の人たちは、認知症をもつ人と、直接、協力し合っていろいろなことを進めていくことをお勧めします。

●環境を整え、苦痛や混乱を軽減する

　認知症をもつ人にとって困難な状況は、その人がもっている障害とその人を取り巻く環境とが互いに作用し合って起きています。周囲の人たちの関わりのもち方や、コミュニケーションのとり方などを含めた環境を整えることによって、不適切なケア環境によってもたらされる、決して必然とは言えない不必要な苦痛や混乱を劇的に減らすことができます。例えば、影を作らない、アップライト照明灯という照明がありますが、それを使うことによって視力が低下している認知症の人たちが、急に暗い影が現れた時に正体がわからず対応できないことによってもたらされる恐怖心や苦痛を、軽減することができます。同じように、今起きていることを、イメージしやすく説明するテレビやラジオの実況放送のように"援助者"が話せば、短時間しか記憶することができない人が混乱したり不安になったりすることが少なくなるでしょう。どちらも、パーソン・センタード・ケアの実践に適った、認知症の人にとってやさしい環境を整えたり、工夫する例です。援助者が認知症をもつ人に最大限の安心感・快適さをもたらし、彼らの自立と活動を促進するために作成する必要があるパーソン・センタードなケアプランには、このような調整や、工夫についての明確な記述が含まれていなければなりません。

●すべての行動には意味があると考える

　コミュニケーションをとることは、人間の根本的なニーズであり、私たちは皆、生来、私たちが生きている世界との絆を保っていたいという本質的なニーズを強くもっています。言語を用いた意思疎通の能力が低下すると、そ

の動作や行動が不可欠なコミュニケーションの手段となり、周囲の世界との絆を維持し続けるための極めて重要な手段となる可能性があります。そのため、認知症をもつ人の多くは、より一層、動作や行動に頼らざるを得なければならなくなります。多くのケア環境で、いわゆる"問題だとされている行動"は、パーソン・センタードなケア環境では、むしろ、身体的不快感や感情的な苦痛の表現として理解されます。パーソン・センタードなケアプランニングとは、このことを考慮に入れ、すべての行動には意味があるとしてその重要性を認め、どうしてその人は、そのようなやり方でもって、ある行動をとるのかについて、より詳しく探るための支援を行い、ケアプランを作成することです。また、大声で叫んだり、泣く、ずっと寝てしまっている、あるいは、自己刺激の反復を行う、などの不快感を表現している人に、一人ひとりの独自性を尊重するパーソン・センタードな対応をどう実行すべきかを、明確に示した文書を作成することです。

4 パーソン・センタードなケアプランニング
―― プロセス

　パーソン・センタードなケアプランニングは、英国の認知症ケア施設で認知症のパーソン・センタード・モデル［Enriched Model of Dementia (Kitwood 1997)］が実践され、その実践の結果をもとに、開発されてきました。私たちは、認知症ケアの現場で働く人たちのチームを、オールドカルチャーからニューカルチャーのケア実践に推し進めるための支援ツールとして、これを使ってきました。オールドカルチャーのケアが行われてしまうのは、認知症をもつ人が言ったり、したりすることはすべて、認知症が進んだ結果、起きたものとして決めつけてしまうという、認知症を一面的に見ることから生じています。この硬直した一面的な理解のために、人間性が奪われるとしか表現のしようがない、あらゆる類の不適切で不十分な接し方や対応が引き起こされているのです。

　認知症のパーソン・センタード・モデルは、心理社会的なモデルであり、脳神経学的、生理学的、心理学的、社会学的な、人間の存在の構成要素を等しく重要視しています。これらの要素すべてが、認知症の人たちがどのよう

な経験をしているかに影響を与えています。認知症のパーソン・センタード・モデルの要素は、心と体の健康、人生歴、性格傾向、脳の障害、社会心理であり、言い換えれば、"今まさに生きている人生"の社会的、心理的な質のことです。パーソン・センタードなケアプランニングは、認知症をもつ人と彼らの"援助者"が、これらの要素のそれぞれを、今のニーズにマッチしているかを確認し、さらにはそれを満たすための基礎として詳しく考えるために助けとなる枠組みを提供しています。

　認知症のパーソン・センタード・モデルとパーソン・センタードなケアプランニングの枠組みとの関係は、**図1-2**に示されています。

　パーソン・センタードなケアプランニングは、たった一度やればそれですむことではなく、時間がかかったり、配慮を要するプロセス（過程）で、どちらかというと、家を建てていくような継続してゆくものであるべきです。家が堅牢な土台の上によく設計されたものであれば、耐久性があり、目的に適ったものとなるでしょう。パーソン・センタードなケアプランニングは、パーソン・センタード・ケアを実践するためのよい設計と堅牢な土台を提供するものです。

　パーソン・センタードなケアプランニングには、**図1-2**に示されている通り、5つの段階が含まれています。

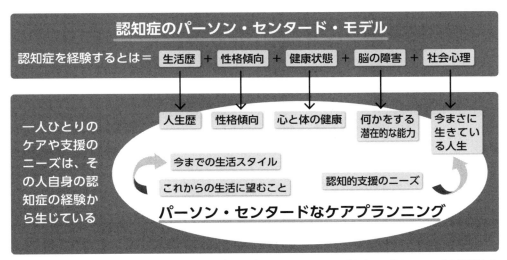

図1-1：認知症のパーソン・センタード・モデルとパーソン・センタードなケアプランニングの枠組みとの関係

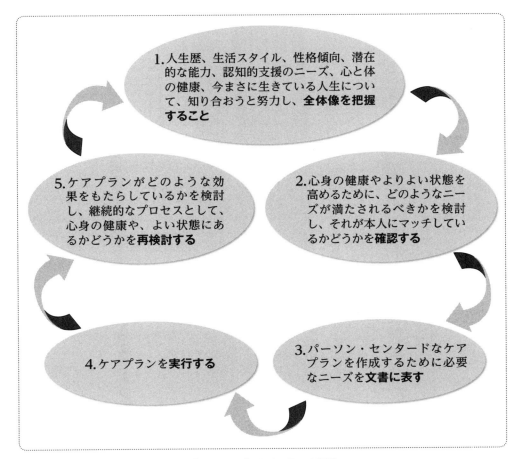

図1-2：パーソン・センタードなケアプランニングにおける5つの段階

5 パーソン・センタードなケアプランニングの要点はコミュニケーション

　パーソン・センタードなケアプランニングは、書類を作ることがすべてではありません。書類に情報を書き込むことは、プロセスのほんの一部です。最終的に出来上がったパーソン・センタードなケアプランは、ケアプラン作成の相手である、その人と直接にコミュニケーションを交わしながら作成して、はじめて価値あるものとなります。コミュニケーションを交わす時に重要なのは、全体像を把握しようとするあなたと、相手の認知症の人がリラックスし、安心できる方法をとること、また、収集する情報の質も量も"目的に適っている"ことを確認することです。要するに、抽象的でわかりにくいものではなく、明確で達成可能なケアプランを作成できることが大事なのです。

　全体像把握のプロセスは、時間を要することがあり、また、継続的であるべきです。きちんとした面接は、行う必要もなく、必ずしも適切ではないのですが、その人がケア施設に来て間もない時、あるいは、急にその人のニーズが変化した場合などは、そのような時間をもつ必要があるかもしれません。それでも、これは単なる始まりに過ぎません。普段の、触れ合いや会話を交わす時間の中で、もっとその人のことを知る手がかりを得ることができるでしょう。私たちが全体像を把握しようとしている人から得た手がかりは書き留めなければなりませんが、話を聞きながら書き留めたり、書きながら、その人の話を聞くという必要はありません。会話を交わしている最中に、あなたが何かを書き留めていたら、その人がどんな気持ちになるかを考える必要があります。

　以下に、全体像把握のための情報を収集する時に、役に立つ一般的なガイドラインをいくつか挙げます。

- 時間はたっぷりあるから、時間を気にしないでゆっくり会話ができますよ、というメッセージ（雰囲気）を伝えましょう。
- 会話は時系列にそって進行することは少なく、話があちこちに飛ぶ可能性があることを、肝に銘じておきましょう。
- 会話を交わしている時に何回も書類をパラパラとめくる必要がないよう

に、それぞれの書式の主な内容やレイアウトをよく覚えておきましょう。そうすれば、"調書をとられている"のではなく、おしゃべりをしているという雰囲気を作る助けとなります。
- (書式に記入するための)質問事項だけではなく、補足するための質問例をいくつか用意し、質問の仕方も、いろいろ準備しておくとよいでしょう。
- 会話の流れを保ちながら、前に進めるために、すでに話に出てきた人や出来事についても質問しましょう。
- 時々、その人が話したことを、要領よくまとめたり、繰り返して確認する時間をとってください。こうすると、しばしば、さらに多くの記憶を呼び戻し、確認するために非常に役に立ちます。
- 非言語的なメッセージは、その人に安心してもらうために非常に重要です。(そっくり返ったりしないで)身を乗り出して、聞き入る感じで興味を示し、適切な場合には、微笑んだり、うなずいたり、目を見たり、笑ったりしましょう。そして、あなたが共感したり、感動した時には、それをぜひ、言葉に出してその人に伝えてください(その人があなたに話すことに、あなた自身が、感銘を受ける場面があるかもしれませんよ!)。
- その人に尋ねていることを、その人が知らなかったり、思い出すのが大変そうな場合には、しつこく聞こうとしないですぐに次の話に進みましょう。

　その会話の内容をまとめるのが、会話の最中であっても、後であっても、あなたが記録した情報は、その人自身はもちろん、関わってもらったほうがよい人たちには、見たり使ったりできるようにすることについて、本人の了解を得るべきだと、強くお勧めします。あなたが書き留めたことを(声に出して)読み、その人に聞いてもらい、コメントや、助言を求め、さらに、提供された情報が正しく書かれているかどうかを確かめてもらうとよいでしょう。全体像を把握しようとしているその人自身が、話すことができない場合には、視線を合わせたり、触れたり、音を介したりして、コミュニケーションをとる時と同じように接し、代弁人※やその他の援助者から情報を求めます。

　これらをまとめる際に、あなたが自分で考えた書式を使うこともできますし、このプロセスの全体を通しての手引となる、この本に付いているパーソン・センタードなケアプランニング用の書式の一部あるいは全部を使うこと

もできます。これらの書式は、詳細な全体像についての情報をつなぎ合わせ、そこからニーズにアプローチをするのに役に立ちます。そのニーズに基づいて、あなたの行動計画や、最終的なパーソン・センタードなケアプランを作成することができます。

書式は、全体像を把握するためのものが7種類、現場で実際に使用するものが3種類（1～3）あります。全体像を把握するための書式には、その人の全体像を把握しようとする最初の段階で尋ねる必要があるかもしれない質問や、考慮する必要があるかもしれない事がらが挙げられています。

現場で実際に使用する書式は、他の人たちに日々知っておいてほしいこと、周囲の"援助者"がパーソン・センタード・ケアを提供するために実行すべきことを、書き込むために使ってください。この書式は、認知症をもつご本人のものであり、その人が利用できるようにしておくべきです。書式はすべて、この本の最後のページに付いており、付録のCDには、プリントして使っていただく書式と、データ上で書き込みのできる書式を収録しています。

全体像を把握するための書式には、以下の7つに関するそれぞれの書式があります。

- その人の"人生歴"の全体像を把握するための書式
- その人の"今までの生活スタイルとこれからの生活に望むこと"の全体像を把握するための書式
- その人の"性格傾向"の全体像を把握するための書式
- その人の"心と体の健康"の全体像を把握するための書式
- その人の"何かをする潜在的な能力"の全体像を把握するための書式
- その人の"認知能力"の全体像を把握するための書式
- その人の"今まさに生きている人生"の全体像を把握するための書式

●現場で実際に使用するもの

- パーソン・センタードなアプローチにより把握された全体像とケアプランの表紙（カバーシート）
- 全体像のサマリーシート
- 鍵となる重要な情報シート

● 私のパーソン・センタードなケアプラン

※英国では、2005年に制定された意思決定能力法（the mental capacity Act 2005）の設置により、判断能力が低下しても限りなく、本人を支援し、意思決定をする方針が確立されている。また、もしも、判断能力が失われた時でも、本人の意向を代弁する第三者代弁人が、医療行為についての判断や介護施設への入所などに際して、サービス提供者側と話し合う制度がある（菅富美枝著『イギリス成年後見制度にみる自律支援の法理──ベスト・インタレストを追究する社会へ──』ミネルヴァ書房、2010年を参考に監訳者が注釈）。

　第2章以降の各章では、人生歴、今までの生活スタイルとこれからの生活に望むこと、性格傾向、心と体の健康、何かをする潜在的な能力、認知能力、今まさに生きている人生、についての全体像把握の全プロセス、ニーズの確認、そして実行すべき行動を、詳細に取り上げます。そして、どんな情報や手がかりを知る必要があるのか、なぜそれを知ることが重要なのかを考察し、同時に、7つの書式それぞれを使うにあたっての説明と助言をします。

　最終章には、プランを実行し、見直すための議論のポイントや助言が含まれています。プランの実行も見直しも、共に、パーソン・センタードなケアプランを作成するプロセスの中では重要な部分です。

まとめ 第1章

- パーソン・センタードなケアプランニングは、パーソン・センタード・ケアを実行するためのプロセスです。

- 目的は、認知症と共に生きる人たちのよい状態を促進し、維持することにあります。

- "援助者"の認知症に対する考え方や、その人とのコミュニケーションのとり方がパーソン・センタードなケアプランのプロセスの中核です。

- パーソン・センタードなケアプランニングのプロセスは、キットウッドが考案した認知症のパーソン・センタード・モデルをもとに考案されたものです。

- 人生歴、今までの生活スタイルとこれからの生活に望むこと、性格傾向、心と体の健康、何かをする潜在的な能力、認知能力、今まさに生きている人生は、いずれもが重要な課題です。

- パーソン・センタードなケアプランニングには5つの段階があります：それは、その人の全体像を把握すること、ニーズの確認、ニーズを文書に表す、プランの実行、プランの再検討です。

- この本は、パーソン・センタードなケアプランニングのプロセスを完成させる助けとなる全体像を把握するための書式と現場で実際に使用する書式を提供しています。これらの書式は、そのまま使用することも、一部変更することも、自分自身で工夫した文書と組み合わせても、使うことができます。

第2章

人生歷

Life Story

私たちにはそれぞれ、心に刻まれている重要な経験や出来事、すなわち、人生歴があります。時間をかけて丁寧に、時の経過に沿ってその人の人生歴を明らかにすることは、パーソン・センタードなケアプランニングにとって欠くことのできない、重要な部分です。

　これには二つの理由があります。第一に、多くの場合、記憶障害のある人にとって、コミュニケーションをとったり、"本来の自分でいる"ためには、人生歴から記憶をたどることが、最も自然で負担の少ない方法なのです。最もよくあるタイプの認知症をもっている人にとっては、普通は、最近の情報や出来事を、整理して、頭の中にしまっておき、必要な時に取り出せるようにしておくことは、難しいことなのです。その結果、短時間のうちに記憶が失われてしまいます。他の人たちが、認知症の人は、何も記憶することができないと、つい誤って思いこんでしまいがちになりますが、実際はそうではありません。機会があれば、その人はより以前の記憶にたどりつき、また、記憶を呼び戻すことができる可能性があります。そして、その記憶は、その人がどんな人であるかについて様々なことを、私たちに教えてくれるでしょう。第二の理由は、人生歴はしばしば、いろいろな状況をより明確にし、今起きている出来事に対するその人の行動のとり方や反応の仕方が、なぜそうなのか、他の人たちが理解する助けとなるからです。

　人生歴を作成するためのよい資料や、人生歴に関する優れた本や冊子で推奨できるものが非常に多く出版されています。このような出版物を検討して、人生歴作成までたどりつく独自のやり方を考案することができます。また、人生歴作成の材料を見つけたり、記録するための、独自のアイディアや技法があるかもしれません。人生歴に関する全体像を把握するための書式を使うこともできますし、これらの一部、あるいは、全部を組み合わせて使うこともできます。重要なことは、人生歴を知ろうとする作業を怠ったり、あとでやることにしたり、誰か他の人にやらせようとしてはならないということです。人生歴を知ろうとする作業は、パーソン・センタード・ケアの実践のまさに中核にあり、あなたが時間と労力をかけて、真剣にプロ意識をもってこれにあたれば、この作業は、あなたや、あなたがケアを提供する人たちにとって、非常に価値のあるものとなるでしょう。

　その人に関して知り得た人生歴に関する情報（手がかり）からその人の全体像を組み立てあげるプロセスは時間を要し、技能と洞察力を要します。あ

る意味では、多くの家族が時と共にずっと分かち合ってきた仕事を、あなたが引き受けることになるのです。それは、家族という集合体の中での大切な話を、ふるい分けたり、どこかにとって置いたり、共有したり、あらためて何度も語ったりする仕事です。

　重要なものとそうでないものとのふるい分けは、認知症をもつ人の視点から行われなければなりません。例えば、孫たち全員の名前と誕生日などは、簡単に調べて記録できる情報かもしれませんが、認知症をもつ人にとって、これらの正確な名前と数字はどれほど重要なものでしょうか？　幾度も繰り返して語られてきた、その人の幼少時期、思春期、あるいは、青年期の物語のほうが、自分がどんな人間である、という感覚やよい状態を促進するためには、はるかに意義があり、役に立つ可能性があります。認知症をもつ人と一緒に、そして認知症をもつ人のために、これらの記憶にたどりつくためには、時間と技能の両方が不可欠です。記憶は、私たちの頭の中や、心の中に詰まっているものですが、人々の心の中にも、いっぱい思い出が詰まっているのです。
　思い出を語ることは、人生歴をたぐるためにはよい方法です。人間であれば、誰でもすることです。あなたとその人と二人だけで思い出を探ることもできますし、グループ活動の機会を利用して、重要な記憶への手がかりとなる反応を、徐々に導き出すこともできます。回想は、その人の本質につながるもので、その人の失われていない記憶や人間関係を保つ能力に光を当てるものです。この目的は、コミュニケーションを維持し、その人たちの人生のすべてを、尊敬の念を込めて、喜び合うためにあります。あらゆる感覚を刺激する物、音、写真や絵、活動は、記憶を呼び起こし、コミュニケーションを促進することができます。
　現在の生活経験の中から、写真や記念の品物を集めることは、古いものを集めるのと同じように、あるいはそれ以上に、自分が誰であるかという感覚を取り戻すのに役立つでしょう。また、ケア環境の中に、その人が、特別な品に愛着やこだわりをもったり、興味を示すようになった物があるかもしれません。こういった物は、その人の全体像を把握するための、人生歴のページに記録しておくことが重要です。
　人生歴について話をしている時に、時々話すのを止めて、その人から聞き出したことをまとめ、感想や意見を返したり、確認するとよいかもしれませ

ん。これは、二人だけの時でも、グループでも、きちんとした場面でもそうでない状況にも適用することができ、その人を肯定し、認め、支援するために非常に役に立ちます。

　人生歴を知ろうとする作業は、身体的なケアと同じように重視され優先されるべきであり、継続的なプロセスであるべきです。自分の愛する人を見つけることができず、愛する人がすでに亡くなってしまったことを憶えていないために苦痛を感じている人に対応するには、パーソン・センタードなアプローチが必要とされます。パーソン・センタードなケアを提供するには、その人のことを十分知らなければ、うまくいかない可能性があります。ともすれば「すぐに戻って来ますよ」、とか「ちょっと出かけているだけですよ」などと言って、その苦痛からその人を救うつもりで、即座にその場しのぎの方便を使いがちになってしまうものです。ましてや、「３年前に死んだじゃないの、憶えていないんですか？」などと、ぶっきらぼうに、無神経に対応することは、到底、その人を助けることにはなりません。

　その人のたどってきた人生の重要な物語を知っている家族やケアワーカーならば、「あなたがご主人のことをお話ししていたのを、憶えていますよ、炭鉱で働いていらしたんですよね？」などと、言ってあげることができるでしょう。これがきっかけとなって対話をしながら、ケアワーカーは、遠い過去の記憶から、より最近の記憶にまで話を進めることができるかもしれません。そうすれば、その人が何を欲しているのか、何について、その人が悩み、苦しんでいるのかについて、話をもっていけるでしょう。また、感情面で支えながら、徐々に、その人が今置かれている状況や、これからどんなことが起きるのかを、再確認してあげることができるでしょう。

　その人がどんな人生を歩んできたかを、たぐり出すことができない場合には、全体像を把握するための作業を今、ここでのことから始めてください。今日、明らかになったことは、明日には過去のこととなり、その人が新しい人間関係を築き、その人の、自分がどんな人間かという感覚（アイデンティティ）を強化するために助けとなる重要な題材を提供するでしょう。私たちが人生歴に関する情報収集をするために試してみたユニークなアイディアに、"靴箱"というアプローチがあります。このアプローチは、空のボール紙の靴

箱をユニットに置いておき、スタッフに、日々の交流の中でその人について発見したちょっとした情報を小さな紙切れにメモして、そのメモをその箱に入れておくように頼んでおき、2週間後に、すべての情報はその人に伝えて共有し、承諾を得たうえで、全体像を把握するための、人生歴のページに書き込むというものでした。

『世代間交流（Age Exchange）』は、回想に関する出版物や研修コースを提供している、すばらしい組織です。この連絡先は、この本の後ろに掲載されている、役に立つ情報資源のリストに書かれています。

1 人生歴の全体像を把握するための書式を使う

人生歴の書式は、次の4つに分かれています。

- 幼児期・思春期
- 成人した後
- 退職後
- 現在

人生歴作成についての私たちの経験では、孫の名前や年齢のような最近の事実や情報を思い出すことよりも、祖父母、両親、兄弟姉妹の名前のような、むしろ、ずっと昔の幼い頃の記憶に焦点を絞るほうが、よりやさしく、話に入れることがよくあります。ですから、とても幼かった頃の記憶から入るようにしてみてください。そして、格式ばった情報収集の仕方が、必ずしも最も実行しやすく、有益な方法とは言えないということを忘れないでください。大きなジグソーパズルの、たくさんある断片をはめ込んでいくように、人生歴の詳細は、時がたてば、収集され積み上げられるものです。

　この**人生歴の全体像を把握するための書式**の各部分には、その人との会話を組み立てていくうえで役に立つ、いくつかの項目が用意されています。しかし、これらの項目は、単なるガイドとして挙げられていることを、忘れないでください。この他にも、重大な喪失にまつわる詳細や、他の状況にその

人がどう対応してきたか、過去の変化にどう対処してきたかなどについての詳細が、話題に上ることでしょう。これらのことも、全体像把握のためには含めるべきです。このような情報を書き留めるための"心に残っている事がら"の欄が、各部分に設けられています。この欄に書き込むスペースが足りない場合には、裏も使ってください。

　あなたから、前もって、家族や友人、そして、昔でも今でも、その人の人生に関わった人たちに連絡をとる必要が出てくるかもしれません。そして、他の人たちに連絡してよいかどうか、その人の生活についての情報を書き留めてよいかどうかを、まずその人に聞いて、その了解を得ることを忘れないでください。

　以下に、人生歴に関する書式の各部分を完成させるための、ガイドラインをいくつか挙げます。

● 幼児期・思春期

　たいていの人にとって、幼い頃のことは思い出しやすく意義深いもので、その人の本質（その人はどんな人であるか）に迫るよい洞察を与えてくれます。肉親や、学校での友達、通学の道のり、先生たち、大好きだった科目やそれほど好きではなかった科目について話すことは、話し手にとっても、聞き手にとっても、非常に実りある、価値ある経験となり得ます。全体像の把握をしようとしている相手の人にとって、いきなり質問が始まるのではなく、普通の会話をしている中で、得意だったことや好きだったこと、友達、がんばったこと（自慢できること）、あこがれていたこと、さらには、自由な時間をどのように過ごしたかについて聞かれるほうが、より容易に記憶にたどりつけるのではないでしょうか。

　祖父母、両親、兄弟姉妹の名前は簡単に出てくるかもしれませんが、そうでない場合には、すぐに話題を変えて、その人が住んでいた家などの、視覚的な記憶を呼び起こすようにするとよいでしょう。「どんな感じの家だったのですか？」「どこで寝ていましたか？」「台所について、憶えているのはどんなことですか？」「その頃のことで、特に心にはっきり残っているのはどんなことですか？」や「クリスマスはどんなふうでしたか？」などの、質問をしてください。

記憶へのもう一つの道筋は、感情を介してたどるものです。ですから次に挙げるような質問をすることができます。

> ●"お父さんは厳しい人でしたか？"
> ●"あなたとお姉さんが、（イタズラなど）騒ぎを起こしたことはありませんでしたか？"
> ●"特に、大好きだったおもちゃがありましたか？"
> ●"あなたが好きだった先生は、誰ですか？"
> ●"学校では、何が一番得意でしたか？"
> ●"特に憶えているお友達はいますか？"
> ●"大人になったら、何になりたかったのですか？"

これらの質問が、学校に通っていた頃、かけっこや水泳で勝ったこと、何か問題を起こしたこと、大好きだった先生、怖かった先生などの特別の記憶や出来事、さらに戦時中のいろいろな経験なども呼び起こすことになるかもしれません。"心に残っている事がら"の欄には、このような類のことを書き留めるとよいでしょう。

以下に、**人生歴に関する書式**の幼児期・思春期の部分の、記入例を紹介します。

家族や友人についての記憶

私の祖父母

ジェイムズの祖父母は、アイルランドに住んでいました。一度も会ったことはなく、名前も思い出せません。農場を持っており、祖父は戦争に行き、祖母は子どもたちを農場で世話していました。

私の両親

母のアグネスは、やさしく穏やかな人でしたが、父のバートは、非常に厳しく、大酒飲みで、子どもたちに手をあげることも、時々、ありました。彼は建築業者で、何カ月もずっと家にいないことがよくありました。アグネスは家でセルフリッジ百貨店の針仕事をしていました。家族はロンドンのベイズウォーターに

住んでいました。家がタルボット・ロードにあったので、その家は"タルボット"と呼ばれていました。

私の兄弟姉妹

ジェイムズは、5人の兄弟姉妹の1番上で、次に生まれたのがアイリーン、それからジョージー、マルヴィー、スティーブンの順です。全員の年が非常に近く、ジェイムズが大将になって、ほとんどいつも一緒にいました。

他の人たち

大家族なので、いとこや、おじさんや、おばさんたちは、大切な存在でした。ジェイムズは、小さな時からこれまで、年上のいとこのリアムとその両親であるティリーおばさんとジョンおじさんとは特別親しくしていました。

学校生活についての記憶

私の得意なことや興味

ジェイムズの得意なことはサッカーと美術でした。

私の先生や友人

中学での特に親しい友達はジャックとエディーで、3人とも家から800メートルぐらいの近さのカトリック系の中学校に通いました。

がんばったこと（自慢できること）や、大人になったらしたかったこと（夢）

ジェイムズは、7歳の時にジュニアの美術コンクールで入賞したことを自慢にしていました。ミッキーマウスの絵を鉛筆で描いたものです。絵でもって、自分でお金を稼ぐことを夢見ていた、と言っています！

心に残っている事がら

ジェイムズのお母さんが、アイルランドの農場で暮らしていた頃の話では、子どもの頃、卵の世話をする係りをしていて、時々、ジャンパーの中に卵をこっそり隠してベッドに持ちこみ、卵をかえそうとしたことがあるそうです。

母親について覚えている最も古い記憶は、言うことをきかなかったので、庭

の小道を、ヘアブラシを手に振りかざした彼女に追いかけられた時のことです！ジェイムズは妹のジョージーとしょっちゅう騒動を起こしていました。近所の農家の庭からリンゴを盗んで見つかったこともあります。

●成人した後

人によっては、成人した後の記憶を呼び起こすことが、より困難なことがあります。結婚式や出産、仕事や特定の趣味などについての記憶を促す物があれば役に立つでしょう。日付や名前は、出来事や人々について話すことに比べれば、それほど重要ではありません。ですから、「いつ結婚したのですか？」と聞かれるよりは、「結婚した日はよいお天気でしたか？」と聞かれるほうが答えやすいでしょう。

次に、その人が記憶を呼び起こしやすく、答えやすい質問の仕方を、いくつか挙げます。

- "その日は、よいお天気でしたか？"
- "どんな服を着ましたか？"
- "ごちそうが出ましたか？"
- "結婚式にあなたの親友は来ましたか？"

仕事や余暇に関する質問も同様に、出来事や人々に焦点をあてることができます。

- "初めて職場に行った日のことを憶えていますか？"
- "職場には、どのように通ったのですか？"
- "最初に買った車の色や型（メーカー）は、どんなものでしたか？"
- "子どもさんたちをお風呂に入れる時は、どんなふうでしたか？"
- "あなたの上司はどんな人でしたか？"
- "自分のために使える時間はありましたか？"
- "リラックスするために、どんなことをしましたか？"
- "子どもさんたちとの休暇で、最高／最悪だったのはどんな休暇ですか？"

これらの質問によって、"心に残っている事がら"の欄に書き留めるとよいこの時期の特定の記憶や出来事を思い出せるかもしれません。

　　この部分には、困難なことや悲しいことがあった日々を思い出すきっかけとなるものがあります。そして、このような会話は、あくまで、全体像を把握しようとしている相手の人、自らによって導かれるものでなければなりません。

　　悲しい日々の記憶を思い出すことについての心構えはしておくべきですが、それは悪いことばかりではない、とお考えください。その人は、あなたには安心して話せると感じているに間違いないのですから。様々な感情を実感し、それを表現することができることは、その人がよい状態にあることの表れです。その人の気持ちを察してしばらく話を聴き続けてから、次に進んでください。その人が落ち着いたと感じたら、より感情を刺激しないような記憶や、明るい話題に話を進めてください。

　　以下に、**人生歴に関する書式**の成人した後の部分の記入の仕方の一例を紹介します。

家族や友人についての記憶

結婚式、出産、その他の特別な日

　　イヴェットは、どしゃぶりの日に結婚しましたが、全然気にならなかったと言っています。ケーキが最高でした。彼女の姉妹ルーシーとマーガレットが作ったもので、白いクリームで飾った3段重ねのケーキでした。結婚式には、家族以外の人はあまりたくさん呼んでいませんでした。経済的に余裕がなかったのです。家族の中で最初に子どもが生まれた時のことを憶えています。彼女のお姉さんが女の子を出産しニコラという名前を付けましたが、みんな興奮して大喜びでした。ニコラは、みんなからとても大切にされました。イヴェットも、その後間もなく自分の子ども、リッツィーとジェイソンの二人を産みました。二人は年子でした。

困難な時や悲しみの日々

　　リッツィーとジェイソンを育てた最初の数年間は、彼女の人生の中で最も大

変な時でした——ジェイソンが全然寝ない子どもだったので。イヴェットは町から田舎に移り、仕事も辞めました。夫は仕事一筋のモーレツ人間で、家にあまりいてくれませんでした。

イヴェットの夫ジョンは、たった40歳という若さで亡くなりました。子どもたちはその時、7歳と4歳でした。仕事中に心筋梗塞で急死したのです。イヴェットは、今でもこの時を思い出すと、泣いてしまいます。夫の急死を経験したために、他の大切な人たちも自分の目の前から、いなくなるのではないかという不安を抱くようになりました。

私がしてきたことについての記憶

私の仕事

イヴェットが最初に就職したのは靴屋でした。しばらくそこで働いていましたが、妊娠のため、仕事を辞めました。

私の趣味や休暇

イヴェットは、歌うことが大好きで、ギターやマンドリンを弾いていましたが、耳から聞いた音だけで独学したものです。自宅で、家族パーティーをして、大人も子どもも、みんなを招き、歌ったり楽器を弾いたりしたいと思っています。

家族は、毎年夏になると1週間の休暇をとってブライトンに行きましたが、どの休暇もとてもすばらしいものでした。

心に残っている事がら

イヴェットは、リッツィーが生まれた時のことを憶えています。難産でしたが、リッツィーが本当にかわいかったので、ずっと見つめていました。夫のジョンが、古いライトバンで彼女を迎えに来たのですが、助手席に大きなブーツが載せてあったので、自分の座るスペースがないと言って、二人はそのことで、大ゲンカになったことがありました。夫の母親である、ダイは、彼らが帰宅した最初の夜に、みんなのためにおいしい食事を作ってくれました、それは、ラムチョップとブロッコリーだったのですが、今でもこれは彼女にとって、手軽にできるお気に入りの料理です。

最悪だった休暇は、いつも行くブライトンではなくマーゲイトという保養地に

家族と一緒に行った時です。ジェイソンが食中毒になり、おまけに、1週間ずっと雨に降られたのです。

●退職後

　退職後は人生の重要な時期で、時には、旅行や、趣味を楽しんだり、家族との時間を楽しんだりする、新鮮で自由な時間です。しかしながら、退職後の数年間には、全体像を把握しようとしている相手であるその人が認知症を発症し始めている人生の時期にさしかかる可能性があり、また、友人や親しい家族を失った時期であるかもしれません。この時期に、多くの人々が、少し小さい家に移ったり、介護施設に入居するなど、さらなる変化を受け入れなければならないのです。こういう経験が、よい思い出であることが望ましいのですが、場合によっては苦痛の原因となる可能性があります。

　この時期の記憶を、その人がなかなか思い出せないのであれば、他の人たちに聞いてもっと多くの情報を得てもよいかどうか、本人の許可を得ることが大切です。了解を得たならば、できる限りの情報を集めて、適切な時に、本人とその情報を共有してください。こうすれば、その人と話をゆっくり続けることも、あるいは、まずいことがあれば、終わらせることもできるでしょう。また、必要に応じてその人の感情的な面をサポートすることができるでしょう。

　以下に、人生のこの時期についての記憶が浮かんでくるように、尋ねたら役に立つかもしれない質問を、いくつか挙げます。

- "あなたは、60歳／65歳になるまで仕事をしていましたか？"
- "退職した時には、お祝いをしましたか？"
- "あなたの職場の同僚から、時計など何か退職のお祝いの品としてもらいましたか？"
- "仕事を辞めたことはよかったですか、それとも、仕事を続けたかったですか？"
- "そのまま同じ家に住んでいましたか、それとも引っ越しましたか？"
- "退職してから、あなたがしたことで最高だったのはどんなことですか？"
- "退職後に少しは休みが取れましたか？　それとも、お孫さんのお世話で

> 忙しくて、自分の休みはとれませんでしたか？"

　全体像を把握しようとしている相手である本人に代わって、誰か他の人に、このような質問をする場合には、本人の了解を得てください。また、この時期について話すとしたら、最も適切な人は誰かについては、よく考え、本人と話し合ってください。多くの場合、成人した子どもたちが質問に答えるのですが、彼らの視点は、本人の印象とはかなり異なっていることがよくあります！

　以下に、**人生歴の書式**の退職後の部分の、記入例を紹介します。

家族や友人についての記憶

結婚式、誕生、その他の特別な日

　ジェイムズは、娘の結婚式のことを憶えており、また、新婦である自分の娘を新郎に引き渡したことを、とても誇りに思ったことや、彼のユーモアにあふれたスピーチでみんなを笑わせたことを憶えています。

　彼の２番目の妻、フランとの結婚も心に残っています。戸籍登記所で、静かな結婚式をあげ、そのあとで、心地よい夏の日に、自宅の庭でのお酒と軽食のパーティーがありました。とても幸せで、フランと一緒にフロリダに移ることに心が躍っていました。

　娘たちや孫たちがフロリダの彼の家に訪ねてきた、楽しい日々や思い出をたくさん覚えています。いつも決まって、みんなをディズニーランドに連れて行きました。

困難な時や悲しみの日々

　ジェイムズは、退職する直前まで保険のセールスマンとして働いていましたが、最後は、とてもつらいことがありました。何が起きたのか、はっきり憶えていませんが、会社に対して何か嫌悪感を抱いたまま、急に職場を去ることになってしまいました。

　ジェイムズの母アグネスが亡くなった時には、悲しみから立ち直るのに長い間かかりました。彼はフロリダにいて、イギリスに帰って彼女のそばにいることもできず、葬儀にも行けなかったので、母の死は、ことの他つらい経験でした。

楽しかった思い出

仕事、趣味、旅行

ジェイムズは退職直前まで保険のセールスマンとして働いていましたが、よくゴルフもし、故郷の英国に帰る旅行の計画を立てたり、音楽やメッセージを録音したテープを、英国にいる子どもたちに送っていました。もう一度絵を描き始め、孫たち一人ひとりのために特別な絵を描きました。

特別な場所、特別なもの

ジェイムズは、ロンドンの妹のジョージーの家を訪ねることが大好きでした。「メイン・ロード」と称するこの家は、彼にとっては特別の場所となりました。彼のもう一人の妹アイリーンが、昔、家族が住んでいた家「タルボット・ロード」の油絵を描きました。この絵も、彼にとっては昔も今も変わらず、とても特別なものです。この絵が幸せな思い出をよみがえらせ、思い出話をしているとうれしそうです。

心に残っている事がら

ジェイムズは、ジョージーとその夫アンディーと一緒に、フランスに日帰り旅行をし、アンディーは、自宅の庭に植えるつもりで、球根をどっさり買いましたが、実は球根ではなく玉ネギだったことが家に戻ってからわかった……なんてこともありました。

ジェイムズは孫娘の一人と、彼女の初めての靴を買いに店に行ったことを憶えています――その靴は、横にバックルが付いた白い靴でした。

サッカーは、ジェイムズにとっては、昔と変わらず、特別なことで、ある年、フロリダから英国に帰っていた時に、クリスマスの贈り物をする日（12月26日）にチェルシー対クィーンズ・パークレンジャーズの試合を見に、甥を連れて行ったことを憶えています。最高の外出日でした。もちろん、地元の強豪チームのチェルシーが勝ちましたが、実は、ジェイムズはクィーンズ・パークレンジャーズのファンだったのでした。

●現在

最近の数年間は、変化と喪失の時期である可能性があり、おそらくいろい

ろな病気や障害を抱える時期かもしれません。この時期について、やるべきことは、現在重要である情報を取得するための努力に絞るべきです。ですから、全体像を把握しようとしているその人が、心の中で思っている人たちについて話すことができるように手助けすることが、その人にとってより意味のあることでしょう。その人たちは、存命かもしれませんし、すでに他界しているかもしれません。場所もまた重要なものである可能性があり、国、町、市のような地理的なもの、あるいは、特別のキッチン、庭、寝室などの特定の空間である可能性もあります。また、楽しいと感じるものやそうではないもので、その人の心に浮かぶ活動があるかもしれません。楽しめる活動としては、家庭でのガーデニングや陶磁器作り、特別な家族や友人たちと一緒にいることなどがあります。学校に子どもたちを迎えに行くこと、家に帰ること、寝ることなど、ある人たちが自分ではできないこと、あるいは、するべきだと感じていることにこだわることは、決して珍しいことではありません。

　全体像を把握する作業のうち、この部分で重要なことは、より最近になって、その人の心の中でどんなことが起きているのかを、その人の視点に立って理解しようとすることです。

　人生歴についての書式のこの部分に関しては、質問の例は挙げません。

　それはなぜかというと、あなた自身が、その人に今起きていることの一部だからです。ですから、厳密な意味での質問はしなくてもいいはずです。今、その人にとって重要なことは、ケアを実践するというあなたの日々の役割を果たす中で、あなたが観察したり、その人と共にする行動や言葉を通して、明らかにされてゆくでしょう。

　"心に残っている事がら"の欄は、その人にとって意味のある現在の話を書き留めるために使うべきです。

　以下に、人生歴についての書式の現在の欄に、書き留めればよいと思われる例を紹介します。

私の心に浮かぶ人や、考えていること

　過去２、３週間の間、ジェイムズは、お母さんのことや、育った家「タルボット・ロード」のことを話したがっています。彼の娘たちが訪ねてくるのを待ちながら、娘たちの仕事や、その夫や子どもたちのことを話して時間を過ごしています。

最も誇りに思っていること
　ジェイムズは、何の資格ももたなかった14歳の時から、どのようにして大都市の保険会社の重役に出世したかを誇らしげに話しています。自分の力で家を買い、車を買う余裕もあったことを誇りに思っていました。

後悔していること
　お父さんとケンカをしてしまい、その後お父さんが亡くなる前に、きちんと和解しなかったことを後悔しています。

最高の日
　グリニッチ公園での家族のピクニック

最高に幸せだった思い出
　タルボット・ロードの家で生まれ育ったこと。いとこのリアムとゴルフをしたこと。

最近の出来事で、心に残っている事がら
　ジェイムズは、7月に家族と一緒のすばらしい誕生日のパーティーをしました。特に、ひ孫たちが庭で遊ぶのをながめて、とても幸せでした。自室にその時の写真が置いてあります。
　先週、ジェイムズはクイズに参加して、サッカーについての知識でみんなを驚かせました。このクイズで優勝し、みんなから拍手喝采を受けました。

2　人生歴を知ろうとする作業から、ニーズを探り、それが本人のニーズにマッチしているかを再考し、それを文書にする

　その人の人生歴を知ろうとする作業を終了した時には、その人と一緒に形作ったものを再度見直し、今その人が置かれているケア環境と密接に関連して生じてくるニーズがあれば、その人を交えて、すべて明らかにする必要が

あります。

　ニーズは、一人の人にとっての一日がよいものになるか、台無しになるかを左右するものです。自分自身に置き換えて考えてみると役に立つと思います。例えば、もしあなた自身が、自分の体調の善し悪しも、他の誰かに頼らなければならない状況に置かれたら、今までの人生の何が、最も大切になるでしょうか？　たいていの人にとって、自分の家族のこと、やり遂げた重要なこと、失った人や物、そして得意なことなどについて、周囲の人たちにわかってもらうことが、大切なことではないでしょうか。今は過ぎ去ったある出来事が、今この場で起きていることに直接影響しているかもしれないのです。

　私の同僚が、デニスという男性に対する働きかけについて、かつて実際に経験した話を教えてくれました。デニスは、身体の病気から回復しつつある時に、急性期の病院でケアを受けていました。デニスの「いわゆる困った行動」を"管理"するための支援を、ケアチームから頼まれたのですが、「その行動」というのが、朝になってケアスタッフが彼を起床させようとすると、スタッフに抵抗するというものでした。その同僚は、デニスと家族、そしてケアチームと一緒にパーソン・センタードなモデルを活用しました。やがて、人生歴に関連する重要な手がかりが、明らかになりました。まだ幼い頃、彼の叔父さんが彼に泳ぎを教えようとしてプールに投げ込んだことがあったのです。デニスは結局、泳ぎを覚えることはなく、もう少しで溺れそうになったのでこの出来事は深い心の傷となり、以来これまでずっと水に対する恐怖を抱いて過ごしてきたのです。病室の床は、ピカピカのブルーに磨き上げられていたので、この出来事が、病院での彼の行動に影響を与えていたのです。デニスはまた水の中（実際はピカピカのブルーの床）に入れられてしまうのではないかと思って、スタッフがベッドから彼を引っぱり出そうとすると怖かったのです。

●ニーズを明らかにする

　人生歴に関係するニーズを明らかにするには、現在の状況と、過去の重要な出来事や人々を結びつける必要があります。
　ジェイムズとイヴェットの人生歴の例を振り返り、現在重要であることをすべて明らかにしてみましょう。

もっと知る必要があると思うことは何でも含めるべきです。ひょっとすると、それは、その人があなたに伝えることができない、ある時期のことかもしれません。例えば、ジェイムズの最初の妻との結婚については、ほとんど情報がありませんが、もし、このことが、ジェイムズが話したいことであると言っていて、彼の記憶を呼び起こしたり、そのことを話すための手助けとなるより多くの情報が必要なのであれば、これをニーズとして認識すべきです。

　明らかにすべきその他のニーズは、全体像からの個別の情報から引き出せるでしょう。

　ジェイムズに関するこの情報としては、次のようなものが挙げられるでしょう。

- 家族をとても大切に思っている
- タルボット・ロードの絵が大事
- 絵を描くことが好き
- サッカーには、興味や、知識もあり、クィーンズ・パークレンジャーズ・チームのサポーターである
- 25年間フロリダに住んでいた

イヴェットに関して：

- 歌うことが楽しみで、ギターやマンドリンを弾いていた
- 手軽にできる大好物は、ラムチョップとブロッコリー
- ブライトンは楽しい思い出のある場所
- 子どもたちが生まれる以前は靴屋で働いていた

ジェイムズのよい状態にとって、今この場で実践すれば意義があるかもしれないこと：

- 家族を大切にする――周りに人がいると安心する
- タルボット・ロードの絵――この絵を自分の部屋で見ることができるようにする

- 絵を描くことが好き──芸術的な活動や、外出（旅行）が好きかもしれない
- サッカーに興味をもち、知識もある、クィーンズ・パークレンジャーズ・チームのファンである──特にクィーンズ・パークレンジャーズに関係ある会話、活動、写真などを楽しむだろう
- 25年間フロリダに住んでいた──フロリダについての会話、写真、ニュースの報道などに関心をもつだろう

イヴェットのよい状態にとって：

- 歌うことが楽しみで、ギターとマンドリンを弾いていた──音楽に関する活動、歌うことは好きだろう。ギターやマンドリンと関係のあることは何でも楽しむだろう
- 手軽にできる大好物は、ラムチョップとブロッコリー──イヴェットはこれを特別な食事として楽しみ、最初の子どもが生まれた日のことを思い出すだろう
- ブライトンは楽しい思い出のある場所──ブライトンに関する絵や写真、映画、会話などはイヴェットを、よりよい状態にするだろう
- 子どもたちが生まれる以前は靴屋で働いていた──靴屋で仕事をしていたことをイヴェットに思い出させることが、自分が、どこの誰で、どんな人間であるかという感覚や自尊心を高めるだろう

●ニーズを文書に表す

　その人にとって重要であることを明らかにしたら、次は、現場で実際に使用する3つの書式に書き留める内容に、それを反映させなければなりません。

- **全体像のサマリーシート**
- **鍵となる重要な情報シート**
- **私のパーソン・センタードなケアプラン**

パーソン・センタードなケアプランの表紙となるシートを、それぞれの人のパーソン・センタードなケアプランの表紙として使ってください。

- **全体像のサマリーシート**

  全体像のサマリーシートの一番上に、"私の人生歴に関係する重要な事がら"を記入する欄がありますが、非常に重要な事がらを要約するためのスペースしかありません。また、何を記入すべきかについては、その人と家族、あるいは、どちらかと話す必要があります。ジェイムズに関しては、"ロンドンで育ち、タルボット・ロードという家に住むアイルランド系のカトリックの大家族、自室にその絵がある。重要な人々は、母ティリー、妹アイリーン、ジョージー、マルヴィー、弟スティーヴン、いとこのリアム。ジェイムズは少年時代、美術とサッカーに優れ、クィーンズ・パークレンジャーズのファンだった。この25年間2番目の妻フランと共にフロリダで暮らしていた"と書けばよいでしょう。

- **鍵となる重要な情報シート**

  その人の人生歴に関する全体像を把握しようとしている時に、その人が、定期的にあるいは緊急時に、自分に成り代わって、連絡してほしいと思う人たちが出てくる可能性があります。この欄の表題は、"私のニーズを満たすために、連絡を望む可能性がある人たち"となっています。

  ジェイムズとイヴェットに関しては、ここにはおそらく兄弟姉妹たちや子どもたちが記入されるでしょう。

  鍵となる重要な情報シートで、その他直接関係のある項目は、ページの一番下にある、表題が"私のケアに関わる人たちに知っていてもらいたい重要な情報"となっている欄です。さらに、もし、その人の人生歴に関する全体像を把握しようとしている時に、他の人たちに知っていてもらうことが非常に重要だと、その人が感じることが何か出てきたら、それはこの欄に記入することができます。デニスが、子どもの時に溺れそうになった経験と水に対する恐怖心は、この欄に記入すべき重要な情報となります。

- **私のパーソン・センタードなケアプラン**

  最終産物である、**私のパーソン・センタードなケアプラン**は、人生歴、今

までの生活スタイルとこれからの生活に望むこと、性格傾向、心と体の健康、何かをする潜在的な能力、認知能力、今まさに生きている人生、に関連して行うあらゆる全体像把握の作業から引き出されるものです。

　私のパーソン・センタードなケアプランの書式には3つしか欄がありません。左側には、"私のニーズは"という表題の欄、真ん中は"私の援助者は"という表題の欄、そして右側の欄は、見直しをする日を書き入れるためのものです。

　私のパーソン・センタードなケアプラン作成のこの段階では、人生歴から出てくるニーズに関係した"私のニーズは"という表題の欄にだけ情報を記入すればよいのです。すでに述べた通り、これらのニーズは、それが満たされるかどうかで、その人の一日のよい状態を左右するほど、その人にとって重要なことです。ジェイムズの"私のニーズは"の欄には、"毎日タルボット・ロードの私の描いた絵を見ること"と書き、イヴェットに関しては、"時々ラムチョップとブロッコリーを夕ごはんに食べること、特に私が疲れている時や動揺している場合に"と書けばよいでしょう。

まとめ 第2章

- 多くの場合、その人の歩んできた道のり（人生歴）を聞くことによって、その人の全体像をとらえようとすることは、記憶障害のある人にとっては、コミュニケーションをとったり"本来の自分でいることができる"ための、最も取り組みやすい方法です。

- 人生歴を知れば、しばしば、いろいろな状況がより明確になり、今起きている出来事に対するその人の行動のとり方や反応の仕方が、なぜそうなのかを、理解するのに役立ちます。

- 人生歴を知ろうとする作業は、身体的なケアと同じくらい重要で、優先度の高いものだと認識されるべきであり、一回で終わるのではなく、継続的なプロセスであるべきです。

- 多くの場合、最近の出来事を思い出すより、幼い頃のことは思い出しやすいものです。

- 人生歴を通して、その人の全体像を知ろうとするプロセスは、幼児期・思春期、中高年期、退職後、そして現在に関する重要な情報を得るための枠組みを提供してくれます。

- 人生歴に関係するニーズを明らかにするには、現在の状況と、過去の重要な出来事や人々とを結びつける必要があります。

- パーソン・センタードなケアプランは、人生歴の中から浮かんでくる、現在のケア環境と直接関係のあるニーズを明らかにするものです。

第3章

今までの生活スタイルとこれからの生活に望むこと

Lifestyle and Future Wishes

生活スタイルとは、ある人の生活の仕方（生き方、暮らし方）のことです。
　多くの場合、より大きな文化的背景（地域、年代など）の影響を受けていますが、すでに根差しているその人ごとの習慣や好みによって特色づけられています。なぜかというと、それぞれの人の習慣や好みは、それまで生きてきた長い期間に形作られてきたものだからです。この章では、現在その人にとって、実際に意味があり、重要で、心地よいこと、安心感を得られること、とはどんなことかに、焦点をあてて検討します。この情報は、直接、その人と関わりをもつ"援助者"が保管し、知っている必要があり、パーソン・センタード・ケアの重要な根幹をなすものです。ケアの専門施設では、このようなことは特に重要なことです。なぜなら、自分の家で家族と暮らしていた時と、介護施設で過ごすようになってからの日々の生活の底流に潜んでいる文化的傾向は、異なっているでしょうし、その人にとって、とても自然には、馴染めるものではなかったり、心地よいものではない可能性がありますから。

　英語の"culture（文化）"の語源は、ラテン語の"cultura"で、すなわち"耕す、養い育てる"という意味があります。私たちが文化について語る場合には、人間の行動パターンや、習慣、服装、言語、宗教、儀式、法や道徳のような行動規範、信条体系や芸術体系などを含む生活様式を意味しています。もし個人の文化的な特質が理解されず、尊重されなければ、その人の行動が、問題とか、不適切であると判断される可能性はさらに大きくなります。文化は、例えば、世界の東洋と西洋の間では非常に異なっていますが、同じ通りに住んでいる二つの家族の間でも異なっている可能性があります。ある家族にとっては、トイレを使う場合に、ドアを開けたままにしておいたり、鍵をかけないでおいたりすることは、まったく"普通"のことであるかもしれないのですが、もう一つの家族にとっては、これはまったく容認できないことであり、嫌悪感さえも起こさせることなのです。このように異なる背景をもった人たちがグループで生活をしている施設のような状況では、誰かがトイレを使用している時に、トイレのドアに鍵がかかっていなかったり、開けっ放しになっていたりすることがよくあるので、人によって様々な反応をするでしょう。
　ここでは、今までの生活スタイルとこれからの生活に望むこと、についての全体像を把握するために非常に重要な側面を二つ取り上げます。これらの

側面は、愛着・こだわりとスピリチュアルなもの（内的世界）※1に対する指向性とも言え、認知症をもつ人たちにとっては、とりわけ重要なものです。愛着（こだわり）やスピリチュアルなことに関係する、その人の行動のパターン（傾向）について話し合うことによって、とても自然に、気持ちよくこれからの生き方について話し合うことができるでしょう。なぜなら、これからの生き方は、その人の現在の生活スタイルや、その人にとって文化的に受け入れやすいことと、密接な関係があることだからです。これらのことについて把握していることは、その人が、将来のどこかの時点で、自分の希望を、言語や行動を介して伝えることが現在よりも困難になった時に、非常に重要なものとなるでしょう。

※1：スピリチュアルなものとは、その人の精神世界に関係し、宗教、信心などはもとより、人生についての考えなどを広範に含む。そのため本書では、内的世界と訳している。（監訳者注）

　今日では、リビングウィルや、事前指示書（アドバンス・ディレクティブ）を作成し、英国などでは、永続的代理権に関する条項を設けておくことが、ますます重要になってきています※2。このような事がらは、その人の意思能力が十分保たれている間に用意されておくべきものです。パーソン・センタードなケアプラン作成プロセスの一環として、あなたがその全体像を把握しようとしている人が今後どうしたいかを考え、それを文書にしておくことができるように手助けすることは適切なことです。

※2：永続的代理権（Lasting Power of Attorney）
　永続的代理権授与制度とも言われ、日本における任意後見制度に相当する英国の制度。金銭管理や日常生活における決定を自分に代わって行なってくれる人を自分の意思で選任し、決定権限を与える制度である。その中で、治療の決定についての代理権授与が可能になったのは、2005年の意思決定能力法の制定による。英国では本法律により、延命治療を拒否する事前指示書があれば、それを尊重しなければならないことが、法律で決められている（菅富美枝『イギリス成年後見制度にみる自律支援の法理——ベスト・インタレストを追求する社会へ——』ミネルヴァ書房、2010年、p.45）。しかし、日本には、事前指示書に関する法制度はなく、任意後見制度にもそのような規定はない。したがって、日本には法的拘束力をもつ事前指示書というものはない。（監訳者注）

　英国では、後見庁※3や、保護裁判所、イギリスの高齢者団体（Age

Concern）が、これらの事がらに関する情報を提供しています。連絡先の詳細については、この本の最後に掲載されている、有益な資源のリストの中に含まれています。

※3：後見庁（The Office of the Public Guardian）2005年の意思決定能力法の制定に伴い、英国司法省の下に置かれるようになった組織。パブリックガーディアン（the Public Guardian）と呼ばれる後見庁長官を筆頭とし、判断能力の不十分な人々の自己決定を支援し、虐待から保護し、任意後見人や法定後見人をサポートすることを目的としている（菅富美枝『イギリス成年後見制度にみる自律支援の法理――ベスト・インタレストを追求する社会へ――』ミネルヴァ書房、2010年、p.45）

なお、成年後見制度については、日本では、各地域における後見センターや、公益社団法人成年後見センター・リーガルサポート、家庭裁判所が相談にのっている。（監訳者注）

1 今までの生活スタイルとこれからの生活に望むことの全体像を把握するための書式を使う

●生活スタイル

この書式の1枚目は、次に挙げるようなことについて、その人にとって重要なことはどんなことかという情報を記録するためのものです。

> ●食べ物、飲み物
> ●衣服（身につけるもの）
> ●毎日習慣的に行なっている身の回りのこと
> ●仕事のような役割
> ●リラックスするためや、他の人との交流のために関わる活動
> ●個人的に愛着をもっている人や物
> ●スピリチュアルなもの（内的世界）に関するもの

・**私が好きな食べ物や飲み物**

ここには、その人が好きな食べ物や飲み物の種類に関する情報、また、飲

食をする時の好みの習慣や決まって行うことを書き入れてください。例えば、その人は普通、朝食は食べないけれど、朝の9時半頃にビスケットを1枚とコーヒーを一杯楽しむなどと、書き入れることがあるでしょう。あるいは、その人は、ちゃんと料理された食事を午後5時に食べ、軽い夕食を午後10時に食べるのが好きであると、書き入れることもあるでしょう。その人が、医療上、道徳上の理由や、さらには文化的な理由で食べない物もあるかもしれません。これらの事がらもこの部分に書き留めるべきです。慰めるため、元気づけるため、特別にその人を喜ばせるための食べ物や飲み物も、重要な情報です。例えば、午後6時に、グラス一杯の食前酒、日曜日の夕ごはんとして食べる、特別なごちそう、あるいは、眠れない夜には、蜂蜜を入れた温かいミルク、などです。この部分には、どこで、どのように食べ物や飲み物を摂るかということについての、その人の好みも含めるとよいでしょう。

　例えば、その人は一人で食べたいのか、他の人と一緒に食べたいのか、テーブルで食べたいのか、あるいは食事を膝の上に乗せて食べたいのかなどといった情報も記入します。その人が、嫌いな食べ物に関して、どう意思表示するのかという情報も重要かもしれません。この食べ物が嫌いであることをはっきり口に出すことが、ごく自然な文化もあれば、そのようなことはあり得ない文化もあるのです——その場合、その食べ物は、ただ、食べ残されるだけです。ある文化の中では、ナイフやフォークは普通に使われているかもしれませんが、他の文化の中では、手で食べることが、普通のことなのです。

- **私が好きな衣服や、身につけたいもの**

　私たちが何を着るか、そして、自分が、自分らしくいられるように、身につける服を自由に決められるということを、私たちのほとんどが当然のことだと思っています。ですから、もしも自分が着る服を、他の誰かが決める世界で暮らすとしたら、自分が自分ではなくなったような気がするにちがいありません。今までの生活スタイルとこれからの生活に望むことについての全体像を把握するための書式のこの欄は、援助者が、その人が身につけたいと望む具体的な服装について見つけ出しやすくするためのものです。この欄には、下着や、衣服の上に羽織るもの、さらに、その人が、様々な機会や、冠婚葬祭などの行事のために、どんな服を着るかについてのもろもろを、書き

留めるべきです。これは、その人が現在"着せられている"服とは、同じ情報ではないかもしれません！ その人が過去にどのような服を着ていたかという情報も、実際に重要で、役に立つ可能性があります。好きな色、好きな衣服、履物などについての情報もこの部分に記入すべきです。

- **私が毎日行う身の回りのことや、習慣になっているやり方（手順）**
　この欄には、その人が自分の身の回りのことを行う時に、どんなふうに行なっているかについての情報を記入します。身の回りのことには、洗顔、入浴、シャワー、トイレの使用、服を着る、髪をくしでとかす、ブラッシングをする、髪を洗う、歯磨きや入れ歯の手入れ、お化粧、ひげ剃りなどが含まれています。"シャワーよりも浴槽につかるほうが好き"などの個人の好み、あるいは、"きちんと服を着替えるのは、朝ごはんを食べ終わってからにしたい"、とか、"トイレ中は、ドアを開けっ放しにしていたい"などの個人的な習慣や好みは、この欄に記録すべきです※。
※食事、水分摂取、移動、トイレの使用、睡眠、視力、聴力、足や歯や口腔ケア、皮膚に関係する情報は、心と体の健康の章に含まれています。

- **私が、決まってやりたい仕事のような役割**
　仕事のような役割には、ほこりの拭き掃除をする、掃き掃除をする、片付けや整理整頓をする、（何かを）集めたり、しまったりする、調べたり、見て確認したり、修理する、鍵をかける、照明を消す、その他多くのことが含まれます。介護施設に入居している認知症をもつ人たちを非常に大規模に観察した結果、仕事に類似した活動は頻繁に行われており、ケア・スタッフの支援や励ましを受ければ、そのような活動は、その人をよい状態にするために非常に効果があることが、わかっています。
　先に挙げたいろいろな活動を、"仕事のような役割"と呼ぶのは、施設で、その仕事をするための物や、道具そのものが実際に手に入らなくても、多くの場合、そういった活動は、熱心に、慣れた手つきで行われるからです。たいていの場合、これらの活動は、以前の職業に起因しているようです。元配管工だった人は、時間をかけて水道の栓や風呂の付属部品をチェックするかもしれませんし、元灯台守だった人は、夜になると起きてホームの窓の外にある照明（電灯）の位置をチェックしたりするかもしれません。ある女性は、

他の人たちの世話をしたいという強い意欲をもっているかもしれません。また、子どもたちのことでやきもきするかもしれませんし、別の女性は、オフィス、キッチン、洗濯室で時間を過ごしたいと考えるかもしれません。オールドカルチャーの残る多くのケア施設では、こういった活動は取るに足らない無意味なこと、あるいは、迷惑であると判断されて、厳しく阻止されてきました。しかし、"校長"、"主婦"、"職人"など、以前の仕事での役割や、その人が現在たずさわる生産的な活動や、仕事に類似した活動について探り出し、記録することは重要です。これらの活動は、食器洗いやベッドメイキング（布団を片付ける）のような、その人が自ら進んで始める活動かもしれませんし、あるいは、"誘われると、喜んで配膳の用意を手伝っている"、"昼間に、食堂のイスを積み重ねて楽しそうにしている"というように観察されることなど、上手に場を作ることによって、きっかけが作られれば、行うことができる活動であったり、はたまた、気まぐれなものであったりするかもしれません。

　パーソン・センタード・ケアとは、こういった活動を支援し、このような活動を通して、人間関係（コミュニケーション）を促進すると共に、このような活動は、その人の気持ちを理解するための機会であると認識することを意味しています。パーソン・センタードなケアプランは、その人の援助者たちが、どうすればこのようなことが実践できるかを、明確にまとめるために作成するものです。

- **私がリラックスするために**

　この欄には、今現在、または今まで、仕事以外の趣味や余暇を過ごすためにしてきたり、人付き合いの一環としてやってきたことなどを、記入してください。これらは、今、お話してきたような、習慣的に行うことや、役割として行なっているようなものではなく、気の向くまま、その人の、その時の気分であるものです。過去の趣味もこのカテゴリーに分類されるのですが、現在では、その人にとっては、もう重要ではなくなっていて、切にそうしたいと望んでいることではなくなっているかもしれません。例えば、その人は、以前にはダンスをすることが楽しみだったかもしれないのですが、今では、身体がよく動かなくなったので、ダンスのような活動には参加しなくなっているかもしれません。

　しかし、その人がもう関わることができない趣味でも、記入したほうがよ

いでしょう。なぜならば、ケアプランを作成する際には、そのような情報が役に立つことがあるからです。この例を使って考えると、その人が、社交ダンスに関するテレビの番組を見られるように支援することができます。ですから、現在の生活の中で、余暇を過ごすための活動や、社交を楽しむための活動以外に、おしゃべりをする、歌う、家族と一緒にいることなどのように、その人自身が楽しいということ、その人が楽しんでいることが私たちの観察によってわかっているのならば、この欄に記入すべきです。

- **私が愛着を感じている人々、場所、物**

　私たちは、自分が危うい状況になると、自然にスイッチが入る、本能的な警報装置を生まれながらにもっています。非常に幼い時には、なんだかわからない"変な"状況に置かれたことがわかると、スイッチが入るのです。そして警報が鳴って不安を感じると、私たちを守ってくれる大人を見つけて、「何とか助けて」と最大限に危機をアピールする行動をとって反応します。通常、これは、大人の後を追いかけ、しがみついたり、泣き叫ぶなどの行動をとることによって、目的は達成されます。これらの行動は、愛着行動と呼ばれています。時がたち、十分成長すると、私たちの愛着行動は変化します。つまり私たちが経験を積み、保護してくれる大人が私たちに対してどう反応するかによって変化するのです。思ってもみなかった状況に直面した時、どのように対処するかを学び、物理的に、誰か信頼する人のそばに直ちに行かなくても、不安な気持ちを、どううまく対処するかを学びます。多くの人たちには、不安な気持ちに対処する助けとなる、特定の物（例えば、上着、お金、鍵、膝かけ、何か羽織るもの）や場所（例えば、ベッド、家）がありますが、自分を守ってくれるにちがいないと、私たちが信じている人たちや、自分が信頼する人たちのそばにいることは、生涯を通じて、変わることのない重要なことなのです。

　認知症と共に生きるということは、再び、予想もしない奇妙な感じがする瞬間が訪れることがあるということです。年をとって、頼るものが断ち切られた時、小さな頃、親との間に築くような確かな信頼関係が、それらを救う貴重な支えになる可能性があることを、研究結果は示唆しています。（Browne and Shlosberg 2006, p.1）

かなり前に、ミーセン（Miesen 1992, 1993）によって行われた重要な研究があります。ミーセンは、認知症をもつ人たちの感情の世界を理解するうえで助けとなる"親に対する固着"という概念に関心をもっていました。現在では、認知症と共に生きる人の中には、"親に対する固着"と関係のある行動をあらわにする人がいるという観察が、非常に増えてきています。そのような行動の中には、両親を大声で叫んで呼び、探し求め、自分の両親はどうしているかと尋ねたり、家に帰りたいと言ったりするものがあります。(Browne and Shlosberg 2006)。

　したがって、こういった行動は、その人が不安を感じておびえていること、さらに、自分では気持ちを落ち着かせることができないので、安全だと感じさせ安心感を与えてくれる誰かを探し求めているということを、私たちに伝えているのかもしれません。もし、その人が安心感を与えてくれる誰かを見つけることができない場合には、たぶん代わりとなる手段をとるでしょう。それは、自分が信頼する人について語ったり、安全だと感ずる場所に行ったり、あるいは、自分を落ち着かせるための方法として、象徴的な物にしがみついたりすることかもしれません。

　この欄には、その人の記憶の中にあって、実際会ったり、使うことができ、安心感を与えてくれる人や物を記入すべきです。そういったものには、愛着のニーズを満たすために重要と思われる人々、ペット、物、場所などが含まれます。以下にいくつかの例を挙げます。

1. 家族や、親しい友人――このような人たちは、たとえその人との関係がよいものや、頼りになるものでなかったりしても、愛着・つながりを感じる対象であることを忘れないでください。
2. スタッフ、その他の専門職にある人たち（鍵となる職員、牧師・司祭※、ソーシャルワーカーなど）

注：スピリチュアルな（内的世界の）ニーズに関係するものであり、信心深い高齢者にとっての精神的なよりどころとしての、「お寺」「住職」「お寺様」などに近いかもしれません。（監訳者）

3. 自分の周りの今は亡き人たち（例えば亡くなった親兄弟、友人、逆縁の子（自分より早く亡くなった子や、さらに、小さい時に亡くなった子ども）
4. その人がよく話しているペット、探しているペット

5．物（ふわふわしたやわらかなおもちゃ・ぬいぐるみ、上着・衣服、ハンドバッグ、時計）
6．場所や、場所の写真や絵（自分の家、両親の家、好きな場所）
7．その人が思い出の中で、その時代に戻ったとしても、それほど不安になったりおびえたりすることがなく、話すことによってその人のためになるような、人生の中の様々な時期（時代）

今までの生活スタイルとこれからの生活に望むことについて記入するための書式の中の愛着・こだわりの欄に、書き留めたらよいと思われることの例を、以下に挙げます。

私が愛着を感じている人々、場所、物

イヴェットは、ほぼ毎日、昼過ぎになると、家に帰りたいと言う。

ジェイムズは疲れると、お母さんのことが心配になる。

モイラは、2匹のふわふわしたやわらかなおもちゃの猫がとても好きで、その2匹を"私の坊やたち"と呼んで、ほとんどいつもそばに置いている。

ビルは、マギーのことを非常に慕っていて、隣に座ったり、手を握ったりすることが好きだ。彼女と一緒のベッドで寝ることもうれしい。

私の身近に、愛着を感じる人や物の存在を感じることができるように、私がしていることや、どうしてもしたいこと

イヴェット："家に帰ろうとして、ドアのそばに立っていること"

ジェイムズ："お母さんのことが心配になる時は、スタッフにすぐそばにいてほしい"

モイラ："坊やたちを、いつでも自分のそばに置いておきたい"

> ビル："マギーと一緒にいたい。もし夜中に目が覚めて、彼女が僕のそばにいなければ、彼女を探しに行く"

　この欄には、認知症をもつ人が、社会とつながっているという感覚を維持し、安心感をもつのに、明らかに助けとなることがわかっている人（親しい友人や家族など）や物（ふわふわしたやわらかいおもちゃなど）を記入するとよいでしょう。一緒に過ごしたいと思える大事な人々や物と身近にいると、多くの場合、認知症をもつ人が、大丈夫だと感じ、安心感をもち続け、穏やかな気持ちでいられるという効果があります。

　あなたが全体像を把握しようとしている人が、家や両親のことについて話したり、特定の人や物に、愛着をもっている場合には、多くの場合、セクシュアリティ（性的側面）※と愛着・こだわりのニーズが関連しており、全体像を把握する対象である人が、自分の愛情表現に関するニーズを率直に表現したいと望んでいる可能性があります。性的ニーズは、言葉を通して、または、行動や行為を通して表現されるかもしれませんし、性的な関心についてのプライベートな問題は内に秘めるべきもので、オープンにしたくないと考える人もいるかもしれません。それゆえ、この書式には性的側面や性的ニーズについての情報を記入する欄が特に設けてありません。しかし、パーソン・センタードな・ケアプランを作成する過程に、パーソン・センタード・ケアの理念を完全に実践するのであれば、その人のこの重要な側面を無視することは適切ではありません。ただし、これは、デリケートな課題であり、取り組みは、繊細な配慮をもって行われるべきで、その人が受け入れやすく利用しやすいものでなければなりません。多くの人たちが、自分の性的側面や性的なニーズは、人に話すようなものではないと感じています。ですから、性的側面についての話は、その人たちのことをよく知るまでは、性急に始めるべきではなく、直接的な質問は必ずしも適切ではありません。多くの人々には、その人の性的側面について、他の人には知られたくない秘密があるのです。例えば、配偶者がいるのに、長年愛人がいた人や、同性愛者であることを隠してきた人たちなどです。多くの場合、その人の性的側面に関する手がかりは、直接的な質問をすることからではなく、その行動から探り出すことになるでしょう。その一方で、その人に、性的側面や性的なニーズについて話しても差し支えないということを、それとなく伝えることも重要なことです。

性的側面は"性行動"を意味するとは限りません。それは、私たちが、どんな人間で、どんな装いをし、どのような人間関係をもっているのか、そして、周囲の人たちについてどんな感情を抱いているのか、ということの一部です。性的側面は、ちょっとした冗談や、気を引くような会話、ちょっかいをかけたり、ロマンチックな愛情表現としても、表れる可能性もあります。このような性的側面を理解し、遠慮なく言えるようにすることは、ケアにたずさわる人たちにとってどちらかと言えば、容易なことかもしれません。Stirling Dementia Services Development Centreが、援助者たちが、効果的にまた適切に性的側面と取り組む助けとなるCDを制作しています。

※セクシュアリティ（性的側面）sexualityは性欲に関するいっさいの事象を意味し、心理学的な用語として、好んで用いられている。性欲は体験、学習、外的刺激に依存する面が大きく、単なる性衝動の発現ではなく、個人の生育史、社会、文化の影響を著しく受けるものである。基本的人権の一つという考えもある（http://kotobank.jp/word/sexuality、2014年5月7日アクセス）（http://www.harikatsu.com/coramu/1.html、2014年5月15日アクセス）。（監訳者注）

　老いや認知症、身体の衰え、連れ合いとの別離にもかかわらず、多くの人たちは、性的なことを失いたくないと思っています。性的な関係に関わることは、愛、親密な関係、親しさのみならず、身体的な解放をもたらし、こういったことは、高齢者が総体的によい状態になるにあたって、非常に大きな役割を果たす可能性があります（Wallace 1992）。援助者にとっては、取り組みが困難であり違和感があることではありますが、年齢を重ねたり、障害があることで、人の性行動に対する願望がなくなることはありません。性行為（性交）、自慰行為、愛撫や抱擁、接触は、家庭やケア施設では日常的に起きていることですが、援助者にとっては、大きな心配、悩み、苦痛の種です。これは、しばしば、性的行動・行為を表現する時に、"不適切"、"問題"、"セクハラ"、"エッチな行為"、"わいせつ行為"などの陰湿な言葉として表現されることからも、わかります（Nagaratnam and Gayagay 2002）。パーソン・センタードな実践のために性的行動・行為を表現する時には、正確な観察をし、先入観に基づく決めつけをすることなく敬意のこもった言葉を使わなければなりません。

慎重な配慮が必要とされる、今ひとつの課題として、その人の性的側面や性的なニーズについての話し合いに家族が関わることがあります。父親、母親、夫、妻の性的行動・行為について、家族の人たちは感情的になったり、強い意見をもっていたりするかもしれないのですが、家族の中でも、どう解決すべきか、それが自分にどう降りかかってくるか、については、一致をみることはなく、様々です。さらに、当の本人は、自分の性的行動・行為に関する議論や決定に、家族を巻き込みたくないかもしれません。

　その人とあなた自身の人間関係や、あなたの年齢、性別、そして、性的側面に関係するあなた自身の課題さえも、すべてこの問題と密接に関連しています。具体的には、あまりよく知らない人に話すほうが、よく知っている人に話すより、やさしいかもしれませんし、逆に難しいことかもしれません。女性は同性と話すほうが、より違和感がないかもしれません。高齢の人は、自分の性的な興味やニーズについて、年齢差のある若い人と話したいと思うかもしれないし、そうでないかもしれません。異性愛者は、同性愛者と、性的側面について話し合うことは、嫌だと思うかもしれませんし、同性愛者は、同性愛者同士で話し合うほうがいいと思うかもしれません。

　このことに関して、すべての問題を解決するような、てっとり早い策はありませんが、以下に、いくつかの役に立つかもしれない提案をします。

- ●あなた自身の感情について考えてみましょう。
- ●家族同士では、感情は激しく高ぶることがあることを意識したほうがよいでしょう。
- ●一件一件の状況を踏まえ、慎重に取り組みましょう。
- ●広い心をもって、偏見をもたずに取り組みましょう。
- ●ある人にとってよいことが、ある人にとってはリスクになることがあり、対処可能で、そうすべきことが多いのですが、完全になくすことはできないということを知っておきましょう。
- ●課題に処するにあたっては、リスクは最小限にとどめるよう努力しましょう——そのままにしておく場合より、リスクが大きくなるものであってはなりません。
- ●援助者にとっての重要な課題と責任は、傷つきやすい成人を保護することにあります。「この状況の中で、この人は傷つきやすくなっているかどう

> か？」を自問してみましょう。
> ●意思決定能力法（2005、英国）※1を理解し、その原則※2を遵守することは重要なことでしょう。
> ●アドヴォカシーサービス（後見人サービス）などの外部の専門家たちから、助言や支援を求める（英国の場合）ことも必要になる可能性があります。

　以上、説明してきたように、その人の性的側面についての理解を深めることによって、健全な自己イメージをもち、心理的な活力を取り戻し、不安が軽減し、引きこもりや抑うつに陥るのを避けられるなど、その人に様々な利益をもたらすことができるでしょう（Heath 1999）。

※1：意思決定能力法：2005年に英国で制定された the Mental Capacity Act 2005 のこと。意思能力法と訳す研究者もいる（新井誠監訳、イギリス2005年意思能力法・行動指針）。日本の成年後見法に相当するものであり、どちらも意思能力が不十分な人々のためのものであるが、日本の成年後見法が、本人の代わりに代行をする「代理」が主であり、「保護」に偏りがちとなっているのに対し、英国の意思決定能力法は、自律支援を原則とし、本人の判断能力だけでは果たせない部分をその部分に限り、支援して、決定に導くという姿勢をとっている点が異なっており、世界的に注目されている。（菅の書籍を参考に翻訳者が改変〈菅富美枝『イギリス成年後見制度にみる自律支援の法理――ベスト・インタレストを追求する社会へ――』ミネルヴァ書房、2010年〉）

※2：意思決定能力法における５大原則
　　菅によれば、2005年意思決定能力法の５大原則は以下である。
　　第一に、人は、意思決定能力を喪失しているという確固たる証拠がない限り、意思決定能力があると推定されなければならない。
　　第二に、人は、自ら意思決定を行うべく可能な限りの支援を受けたうえで、それらが奏功しなかった場合のみ、意思決定ができないと法的に評価される。
　　第三に、客観的には不合理にみえる意思決定を行なったということだけで、本人には意思決定能力がないと判断されることはない。
　　第四に、意思決定能力がないと法的に評価された本人に代わって行為をなし、あるいは、意思決定するにあたっては本人のベスト・インタレストに適うように行わなければならない。
　　第五に、さらに、そうした行為や意思決定をなすにあたっては、本人の権利や行動の自由を制限する程度がより少なくてすむような選択肢が他にないか、よく考えなければならない。

（菅富美枝『イギリス成年後見制度にみる自律支援の法理――ベスト・インタレストを追求する社会へ――』ミネルヴァ書房、2010年、p.27-28）（監訳者注）

　自分のニーズを言葉で表現することが、うまくできない人にとって、自分の性的行動・行為は非常に強い基本的なニーズの表現である可能性があります。そして、これを今までの生活スタイルとこれからの生活に望むことの全体像を把握するための書式に含めることは重要なことですが、本人やその人の思いを代弁する人に、わかってもらったうえですべきです。
　忘れてならないのは、パーソン・センタードなケアプラン作成のプロセスの、全体像を把握するこの段階では、問題を書き留めることや潜在的な解決策を見つけることに注意を向けるのではなく、"その人"を理解し、全体像を描くことに焦点をあてるべきです。以下に、性的側面について、どのように書き留めればよいかについて、一つの事例を挙げます。

　ジムとジーンは、同じホームに入居していて、二人とも認知症を患っています。そして、それぞれに配偶者がいますが、二人とも、自分の配偶者が誰であるか、すでにはっきりとはわからなくなっています。二人とも、お互いに一緒にいることが本当にうれしく、関係はより親密になってきました。ホームの中を、手をつないで歩きまわったり、時々、ぴったり寄り添って歩いています。しかし、最近では、ジムはジーンをよりプライベートな（あまり人目につかない）場所につれて行こうとしたり、いかにもその気にさせるような触り方で、彼女に触っているところを他の人に見られたりしています。

　ジムに関して、"私が愛着を感じている人々、場所、物"という表題がついている欄には、"私は、ジーンと一緒にいることが大好きです"というようなことを書き留め、その下の"私の身近に、愛着を感じる人や物の存在を感じることができるように、私がしていることや、どうしてもしたいこと"という表題のある欄には、"僕はジーンの手を握り、抱きしめます。そうすると、時々彼女ともっと親密な関係をもちたくなります"と書くことができます。ジーンに関しては、"私は、ジムがとても好き"、"彼とのお付き合いを楽しみたいので、そうできるようにしてほしい。手を握ることはしたいけれど、私がそうしたい時だけにしてほしい"などと、書けばよいでしょう。

この情報は、ケアプラン作成プロセスの"その人のニーズにマッチしているかどうかを確認する"段階になった時に、人生歴、性格傾向、心と体の健康、何かをする潜在的な能力、認知能力、今まさに生きている人生について、全体像を知るための書類に記録されているすべての情報と併せて考慮したうえで、ジーンとジムのケアプランに組み入れられることになるでしょう。

　ケア施設での高齢者の性的ニーズに対し、助けとなるように、また、倫理的に応えるためには、性にまつわる課題をめぐって違和感なく、安心感をもって話し合いをすることが受け容れられている環境の中で、分別のある、自由で、誠実なチームワークが必要とされます。英国における集団ケア施設での、性に関するニーズに応えるための重要な取り組み方については、さらに徹底的な考察や、より大きな規模の研究が必要です。高齢者と性というテーマをめぐるタブーが原因となって、ケア分野での私たちの動きは、後れをとってきました。

- **私のスピリチュアリティ（内的世界）**

　多くの人々が、自分自身の内的世界の一部として宗教的な活動に関わりますが、内的世界は、必ずしも、信心深いことを意味するとは限りません。すべての人が宗教心をもっているとは限りませんが、私たちはある意味みんな内的世界をもっているのです。どんな人にも、どうして生きているのか、何のために生きるのか、という問いに応えるそれぞれのやり方があるでしょう。そして、認知症をもつ人たちも、私たちと同じように、あるいは、私たち以上に、人生の意味や目的を追究したいという大きなニーズをもっています。これは、どちらかと言えば、性的側面と同じように、一部の人たちにとっては非常に個人的でプライベートなことである可能性があります。

　一般的によい状態とされる状態と、内的世界としてのよい状態とを、明確に区別することは、容易ではありません。この違いについての一つの考え方は、一般的なよい状態は、心地よさ、安心感、周囲の人たちと共にあることや、たずさわることなど、日々の生活と関係があり、それに対し、内的世界としてのよい状態とは、人生についてのより広い問いかけに心の安らぎを感じることです。そして、人が生きる、ということの意味や、何のために生きるのか、を想うことです。さらに、私たちは、日常の現実世界を超えたレベルの

何かと心を通わせている人がいることを、その人の態度や行為といった言語を介さない表現を通して、垣間見ることがあります。英国王立精神医学院では、内的世界についてもっと深く勉強したい人に対して、役立つガイダンスを提供しています。詳細な連絡先については、この本の後ろにある、役に立つ情報資源のリストに載っています。

あなたが全体像を把握しようとしている人が、不安そうだったり、動揺している時に、その人たちの内的世界について考えてみようと思うことは、大いに意味があることでしょう。そして、次のような点について考えるとよいでしょう。

- その人が感じている苦痛を理解するために、その人の信念や、宗教的な背景を理解することが、役に立つのではないでしょうか？
- 自分が死後の世界に旅立った後に、自分の身に降りかかってくるかもしれないことに、恐怖を感じている可能性はないでしょうか？（例えば、死後の世界で、暴力的だった父親と偶然、出会ってしまったら…とか）
- 過去に起きた問題に対し、その人がどのように対処したかについて話し合うことはできないでしょうか？ もし、その人が内的世界に関係するやり方でその時の問題に対処したのなら、今度も、その方法が使えないでしょうか？
- 牧師・司祭※、あるいはその人と信仰を同じくする人たちの誰かに関わってもらったら助けとならないでしょうか？
  注：これは英国における例です。日本では、人によっては、お寺様、住職、また様々な宗教を信仰している方にとっては、その宗教の関係者を示すこともあるでしょう。（監訳者）
- その人の内的世界における信念やニーズについて本人や家族の人たちと話し合うことは、役に立たないでしょうか？
- その人の内的世界における重要なシンボル（象徴するもの）と、より密接に接することは、助けにならないでしょうか？（例えば、その人が見える場所に、重要な意味のある肖像や画像を置くことなど）

その人の内的世界について探る時に助けとなるかもしれない質問には、次のようなものがあります。

> ● 重要な物や、特別の意味がある物で、見たり、触れたり、持っていたい物が何かないでしょうか？（例えば、今も残っている建物、像や画像、彫像、十字架、その他のメダル状のお守りやペンダントなど）
> ● これから先のことについてどう感じているでしょうか？
> ● あなたは、周りの人たちの輪の中にグループの一員として受け容れられており、一人の個性をもった人としての価値を認められ、尊敬され、尊厳をもって遇され、安心できていると感じられているでしょうか？（Bruce 1998）

"私の内的世界"の欄を使って、このような会話をしている間に、出てきた鍵となる事がらを書き留めてください。例えば、

> イヴェットは、確かにスピリチュアルなもの（内的世界）を意識しています。彼女は、他の人たち、特に、自分の父母のように、すでに亡くなってしまったけれども、愛している人たちとのつながりを感じています。彼女は、自分の生きている目的は、人類の善を実現することにあると感じていて、これを果たすために最善を尽くしてきたことを幸せに思っています。イヴェットは、花を"善"のシンボルと考え、自分の部屋にもっとたくさんの花があればいいと思っています。
> ジェイムズは、自分は信心深くはないけれど、家系を継続させることが自分の人生の目的であり、それを果たした、と言っています。彼は、実際、スピリチュアルなもの（内的世界）が価値あることとは考えていませんし、そのことについて話すことも好きではありません。

● これからの生活に望むこと

その人が、他の人に自分の意思を伝えることができなくなった場合に、この先、望むことや望まないことを、2ページ目にあるこの書式に記録します。全体像を把握するプロセスのこの部分は、これからの生活に望むことについて、その人自身が、話すことができ、また、話すのをいとわない場合に限って、実行することができます。

あなたが全体像を把握しようとしている人が、これからの生活についての希望を話すことができない場合や、話したくない場合には、その人が文書や

口頭で、誰かに自分の希望を表明してあるかどうかを、確認して、そのことを記録しておく必要があります。また、その人の代理として意思決定を行う人を、誰か選任しているかどうかについても確認する必要があります。これは、"代理人"と称されている人です。代理人を任命したその人（委任者）が、意思能力を喪失し、自身で意思決定をしたり、意思を伝えることができなくなった時にはじめて、その代理人はその仕事を始める（後見事務を受任する）ことができます。その人が、このような状態になったと考えた場合には、後見庁に連絡し（英国の場合）、どのように手続きをすべきかについて助言を得る必要があるでしょう※1。

※1：日本の場合は、家庭裁判所、公証人役場など。（監訳者注）

　もし、あなた自身が、自分の希望（意思）を伝えることができない人の介護や支援をしている状況にあることを認識し、その人の意思や、その人が事前に準備していたことについて、情報が何もない場合には、法律によって、あなたには、その人のベスト・インタレスト（最善の利益）※2のためになると信じることに基づいて、行動をとる義務が発生します（英国の場合）。その人の人生歴、今までの生活スタイルとこれからの生活に望むこと、性格傾向、心と体の健康、認知面での支援のニーズ、何かをする潜在能力について知ることは、あなたが、その人のベスト・インタレスト（最善の利益）のために行動する際に、役に立つでしょう。

　あなたが全体像を把握しようとしている人が、将来、自分が望まない医療があることを表明した場合には、その人が医師や、他の責任ある立場の人と話せるように手助けし、関係者全員に確実に知ってもらうために、文書にして表明するように手助けしなければなりません（英国の場合）。そのような文書には、署名、日付、証人の署名が必要であり、"事前指示書（アドバンス・ディレクティブ）、延命治療拒否"という表題がついていることが理想的です。この文書には、法的拘束力があり、治療がなされなくとも、合法的であるということを意味します。ただし、法的拘束力は、医療に関する意思（希望）についてのみ適用します※3。

　同意（承諾）、能力、意思疎通に関する問題は、複雑である可能性があるので、将来の希望について話したり書き留めたりする仕事を進めながら、あなたと、

あなたが全体像を把握しようとしている相手の人は、助言や支援を求めるべきです。まず、国民のための英国政府の公式ウェブサイトDirectgovから始めるとよいでしょう。このウェブサイトで取得できる情報や利用可能なサービスは、英国政府の各省庁から提供されているものです。

※2：ベスト・インタレスト

　ベスト・インタレストは、日本では、「最善の利益」と訳されるのが通例である。しかし、英国での2005年意思決定能力法でいうところの、ベスト・インタレストとは、単に客観的な視点に立って、本人のためになると考えられる「標準的な」結論を導き出すこととは異なっている。そもそも、2005年意思決定能力法では、ベスト・インタレストの定義を定めていない。その理由は、同法の扱う決定の種類や、本人の情況が多種多様であり、定義することが困難であり、意味がないと考えられたからである。そのため、抽象的な定義を試みるよりも、本人にとっての最善とは何かを、探し出すために、何が必要かを説いている。そしてその最善を見つけ出すために必要とされる要素を4条に「チェックリスト」として示している。参考のために以下に掲げる。

1．本人の年齢や外見、状態、ふるまいによって、判断を左右されてはならない
2．当該問題に関係すると合理的に考えられる事情については、すべて考慮したうえで判断しなければならない
3．本人が意思決定能力を回復する可能性を考慮しなければならない
4．本人が自ら意思決定に参加し主体的に関与できるような環境を、できる限り整えなければならない
5．尊厳死の希望を明確に文書に記した者に対して医療処置を施してはならない。他方、そうした文書がない場合、本人に死をもたらしたいとの動機に動かされて判断してはならない。安楽死や自殺幇助は、認められない
6．本人の過去および現在の意向、心情、信念や価値観を考慮しなければならない
7．本人が相談者として指名した者、家族・友人などの身近な介護者、法定後見人、任意後見人等の見解を考慮に入れて、判断しなければならない

（菅富美枝『イギリス成年後見制度にみる自律支援の法理――ベスト・インタレストを追求する社会へ――』ミネルヴァ書房、2010年、p.22-23）

※3：すでに述べたように、日本では、事前指示書に関しての法的拘束力はない。（監訳者注）

　事前判断（アドヴァンス・ディシィジョン）、あるいは、事前指示書（アドヴァンス・ディレクティブ）とも称される、リビングウィルの作成の仕方に

ついては、このウェブサイトの、"government, citizens and rights"の項から情報を得ることができます。インターネットを使用したくない場合には、Age ConcernあるいはMINDに連絡し、パンフレットの送付を依頼することができます。連絡先の詳細については、この本の後ろにある、役に立つ情報資源のリストに載っています。

　このよい実践のガイドに提供されている、これからの生活に望むこと、に関する書式は、事前指示書を含む、これから先の生き方について話す時に役立つツールです。これからの生活に望むことについての記録は、医療の一部またはすべてを拒否するものでない限り、法的な拘束力はありませんが、医療の専門家たちが行動方針を決定する時には考慮に入れたいと考えるでしょう。家族や友人たちも、その人の希望（意思）を確認する証拠として使いたいと考えるでしょう。

　これからの生活に望むこと、で始まるこの書式には、次のような内容に分かれた5つの欄があります。

- 私は、次のような特別な医療／治療や支援をぜひ受けたいと思います
- 私は、次のような医療／治療や支援は受けたくありません
- 私の医療や支援について意思決定が必要になった場合には、次の人たちに相談してください
- 私は、事前指示書を作成しました／作成していません
- 私の代わりに意思決定をする人を誰か"代理人"として任命しています／任命していません

　この欄に書かれていることは、その人のケアの提供に関わる人は誰でも、ケアについての意思決定をする時や、ケアを提供する時には、今までの生活スタイルを尊重することを忘れてはならないという、重要な忠告です。あなたが全体像を把握しようとしている相手の人が、自分の希望（意思）を伝えられなくなった場合に、見過ごされたくない、非常に重要な事がらを書き留めるための余白があります。例えば、菜食主義者であることや、特別の宗教団体に所属していることなどを書き留めておきます。

• **医療と支援**

これらのことがどんなものであるかを、確認しておく必要があります。

医療／治療に含まれるものの例

- 外科手術
- 医薬品
- 心（肺）蘇生術
- 輸血

支援に含まれるものの例

- 顔や手を洗ったり、入浴をしたり、食事や更衣をすることを手伝ってもらうこと

私は、次のような特別な医療／治療や支援をぜひ、受けたいと思います。

この欄には、その人が明確に望んでいること、また、どんな条件であれば、そう望むか、について書き留めます。以下に、例を挙げます。

"私が動けなくなり、私の意思（希望）を伝えられなくなった場合には、快適に、清潔に過ごせるようにしてほしいし、痛みを感じないでいられるようにしてほしい"

"私の援助者が、私に痛みがあると思う場合には、鎮痛剤を投与してほしい"

"もし私の援助者が私のケアをしている時に、私がそれを望み、協力的である場合には、顔や手足を洗って清潔にしてほしいし、服も着せてほしい"

"私が、食べたい物がある場合、また、誰かに食べさせてもらっている物を明らかに楽しんでいる場合には、ぜひ食べさせてほしい"

"私が身体的に健康で、元気なのに、突然呼吸停止になった場合には、蘇生術を行なってほしい"

私は、次のような医療／治療や支援は受けたくありません。

　その人が、どのような場合には、行なってほしくないと明確に指摘したことを、書き留めるのがこの欄です。例をいくつか挙げます。

"援助者がすることで私が動揺するのであれば、それはしないでほしい"
"私が末期の病気になった時には、侵襲性の外科手術はしないでほしい"
"私が寝たきりで、体力も衰弱していて、呼吸をしなくなった時には、蘇生術を施してもらいたくない"
"いかなる場合でも、輸血は絶対にしてほしくない"

私の医療や支援について意思決定が必要になった場合には、次の人たちに相談してください。

　医療や支援についての意思決定が必要になった場合に、相談すべき人たちの名前を、この欄に記入すべきです。これらの名前は、全体像を把握しようとしている対象者自身が挙げた名前でなければなりません。その人が、誰の名前も挙げたくない場合には、その意思が尊重されるべきです。

私は、事前指示書を作成しました／作成していません。

　その人が、以前に作成した事前指示書を持っている場合には、そう記述し、保管してある場所の詳細も書き留める必要があります。すぐに見られるように、その人の事前指示書から、全体像を把握するための書式にその希望（意思）を書き写しておくこともよい考えかもしれません。ただし、あなたがそうすることを、その人が快く受け入れていること、また、事前指示書に表明されているその人の意思が変わっていないことが前提条件です。

私の代わりに意思決定をする人を誰か"代理人"として任命しています／任命していません。

　もし代理人が任命されているなら、それが誰であるか、また、関係書類はどこに保管されているかについて記入してください。代理人が任命されていないけれど、その人が代理人を任命する能力がある場合、これを遂行するための支援を望んでいるかどうかを尋ねるべきです。自分の意思を表明できなくなった場合に備えて、私たちの誰もが、自身の代わりに意思決定をする代

理人を、任命しておくことを、この場を借りて強くお奨めします※。

　代理人の任命は、その人がそのような手配をすることができ、また、そのような意思決定をする能力がある場合には、その人によってのみ行うことができます。異なる役割に関して異なる代理人を任命することができますので、このようなことが必要になった場合には、そのために、複数の代理人の名前を記入する余白が設けてあります。こうした代理人は、普通は、家族や友人で、その人が、自分の財産（所有物）について、財務やその他の事がらについて、また福祉について、自分で意思決定をできなくなった時に、代理として意思決定の責任を引き受ける人です。このようなことが起きた場合には、その人の意思能力についての評価が行われる必要があり、さらに、委任状申請が後見庁や保護裁判所を通して行われなければなりません（英国の場合）。これらの機関の詳細な連絡先については、この本の後ろにある、役に立つ情報資源のリストに載っています。

※日本でも、自分の判断能力が失われた時に備え、代わりに意思決定をする人（受任者）を、あらかじめ決める制度はあり、任意後見制度と呼ばれている。しかし、医療同意や医療の拒否などの法的な権限はない。（監訳者注）

　最後に、この欄には、その人の永続的代理権が、後見庁に登録（登記）されているかどうか、また、その原本と控えがどこに保管されているかを記入する余白がある。（英国の場合、監訳者注）

2　今までの生活スタイルとこれからの生活に望むことを知ろうとする作業から、ニーズを探り、それが本人のニーズとマッチしているかを再考し、それを文書にする

● ニーズを明らかにする

　今までの生活スタイルとこれからの生活に望むことに関連するニーズを明らかにするためには、これらに関する全体像把握のための文書に照らして、その人が今までの生活スタイルを維持し、これからの生活で意思を遂げるために支援を必要とする、その人独自の側面を明らかにしなければなりません。

そのためには、その人の全体像の細部に注意深く目を通し、その人のよい状態にとって極めて重要な事がらを探る努力が必要とされます。これらの重要な事がらには次のようなことが含まれます。

- 食べることに関する習慣
- 好きな色
- 服を着る時に、決まってやる動作・手順
- 仕事に類似する活動をする時に、手伝ってもらうこと
- その人が、愛着や、性的ニーズ、内的世界と関係のあるニーズを、どのように表明するか
- その人が自分の意思を伝えることができなくなった場合には、どうしてほしいのか

これらのことがその人のニーズと、どう密接に関係するのか、以下に例を挙げます。

- 食べることに関する習慣——その人には、いつも決まった食べ方があるかもしれず、そういうふうに食べることが許されないと、その人が、落ち着かず、動揺する原因となります。
- 好きな色——好きな色について知っていれば、その人の自尊心を高め、自分が自分であることの感覚（アイデンティティ）を促進するために役立ちます。
- 服を着る時にいつも決まってするやり方——その人が、服を着る時にどういうやり方でしているのかを知らないと、一日の始まりが、気分のよくないものとなってしまい、その後は、その日、ずっとよくない状態を引きずる可能性があります。
- 仕事に類似した活動に関わる時に支援を得ること——たずさわることに関するその人のニーズは、その人が自発的に関わる仕事に類似した活動の種類を、援助者が理解し支援すれば、よりよく満たされるでしょう。
- その人が、愛着や、性的、スピリチュアルなもの（内的世界）と関係のあるニーズを、どのように表すか——このことについて知っていれば、行動・行為が、容認できないものになったり、容認できないと考えられたりする

> ことを防ぐことができるでしょう。
> ●その人が、自分で自分の意思を伝えることができなくなった場合には、どうしてほしいか――自分で自分の意思を伝えることが困難になった場合には、その人のベスト・インタレスト（最善の利益）のためには何をしたらよいのか、を考慮し、この書式がそれを実現するための援助者の指針となるでしょう。

●ニーズを文書に表す

その人にとって重要であることを明らかにしたら、次は、現場で実際に使用する3つの書式に書き留める内容に、それを反映させなければなりません。

> ●全体像のサマリーシート
> ●鍵となる重要な情報シート
> ●私のパーソン・センタードなケアプラン

・全体像のサマリーシート

全体像のサマリーシートの2段目に、"私の今までの生活スタイルとこれからの生活に望むことに関係する重要な事がら"という表題の欄があります。この欄には、非常に重要な事がらを要約する余白しかありません。あなたは、その人や家族と話し合って、書き留めるべき重要な事がらを決める必要があります。最も重要な事がらは、おそらく、文化と関係があると考えられます。例えば、その人は菜食主義者であるとか、エホバの証人、カトリック教、ヒンズー教、イスラム教のような特定の宗教やその宗派の信徒であることを、この欄に書き留めるとよいでしょう。その人が、将来、こうしてほしいと思うこと、そうしてほしくないことについて（例えば、蘇生術について）強い希望をもっていて、事前指示を作成してあり、代理人を任命している場合には、それもこの欄に書き留めるべきです。

・鍵となる重要な情報シート

その人の今までの生活スタイルとこれからの生活に望むことに関する全体

像を把握しようとしている時に、その人が定期的にあるいは緊急時に、自分の代わりに連絡してほしい人たちが出てくる可能性があります。この欄の表題は、"私のニーズを満たすために、連絡を望む可能性がある人たち"となっています。ここには、その人がすでに代理人を任命している場合には、その代理人の名前と連絡先の詳細を記入しておきます。

鍵となる重要な情報シートのなかで直接関係のある項目は、シートの一番下にある、表題が"私のケアに関わる人たちに知っていてもらいたい重要な情報"、とされている欄です。また、今までの生活スタイルとこれからの生活に望むことに関する全体像を把握しようとしている時に、他の人たちに知っていてもらうことが非常に重要だと、その人が感じることが何か出てきたら、それはこの欄に記入することができます。例えば、すでにリビングウィルは作成されていることや、その保管場所についての情報です。

- 私のパーソン・センタードなケアプラン

　最終的な産物である**私のパーソン・センタードなケアプラン**は、人生歴、今までの生活スタイルとこれからの生活に望むこと、性格傾向、心と体の健康、何かをする潜在的な能力、認知能力、今まさに生きている人生に関連して行うあらゆる全体像把握の作業から引き出されるものです。この書式には、3つしか欄がありません。左側には"私のニーズは"という表題の欄、真ん中には"私の援助者は"という表題の欄、右側の欄は見直しする日を書き入れるための欄です。

　私のパーソン・センタードなケアプラン作成のこの段階では、今までの生活スタイルとこれからの生活に望むことから出てくるニーズに関係する情報を、"私のニーズは"という表題の欄にだけ記入すればいいのです。すでに述べた通り、これらのニーズは、それが満たされるか否かで、その人の一日がすばらしいものになるか、台無しになるかを左右するほど、その人にとっては重要なことです。

　以下に、**私のパーソン・センタードなケアプラン**の中で、今までの生活スタイルとこれからの生活に望むことに関係するニーズを、どのように文書にするかという例をいくつか挙げます。

私のニーズは……
　　いつも決まってやっている、私の食べることに関する習慣を支援してほしい。具体的には……

- 朝食は食べない
- 午前9時に、ビスケットを一つ食べながらコーヒーを楽しみたい
- 午後5時にちゃんとした食事を摂りたい
- 午後10時に軽食を食べるようにしたい

服を着る時にいつも決まってするやり方を支援してほしい

- 私の好きなブルーの衣服を身につけるように、勧めてほしい
- ちゃんと着替えるのは、ビスケットとコーヒーをすませてからにしたい

仕事に類似した活動に関わりたいという気持ちをわかってほしい

- 私が、テーブルの支度を手伝おうとする時には、スタッフに私の気持ちを理解してほしいし、うまくできなくなっているところは支援して補ってほしい

スピリチュアルなものを大事にしたい

- いつも、自分の部屋にお花を置くように配慮してほしい

性的な側面を理解してほしい

- ジムとの友情をもち続けられるように支援してもらいたい
- ジムの愛情が過剰でうっとうしくなったら、また、一人で過ごすことができる場所を見つけられるように支援してほしい

まとめ 第3章

- 生活スタイルは、その人の生活の仕方であって、通常は、より幅広い文化的背景に影響されます。

- その人の文化的な本質が理解されず、尊重されなければ、行動が"問題である"とか、"不適切である"と判断されるリスクがあります。

- パーソン・センタードなケアプランを作成するには、その人にとって、実際に意味のある、重要な生活スタイルに関する事がらについて考慮する必要があります。

- これらの事がらには、食べ物や飲み物、衣服、身の回りのことに関して毎日行うこと、仕事に類似した活動、リラックスするためや他の人との交流のための活動、個人的に愛着のある人や物やその人のスピリチュアルなもの（内的世界）に関する事がらが含まれます。

- パーソン・センタードなケアプラン作成のプロセスの一環として、あなたが全体像を把握しようとしている対象者が、将来の希望について考え、書き留めることができるよう手助けすることは、意義深いことです。

- 今までの生活スタイルとこれからの生活に望むことに関連するニーズを明らかにするためには、その人が維持し、意思を遂げるためには助けを必要とする、その人独自の側面を、全体像を把握するための文書に照らして、明らかにしなければなりません。

- パーソン・センタードなケアプランには、その人の今までの生活スタイルとこれからの生活に望むことを尊重するために、援助者がとるべき行動が含まれています。

第4章

性格傾向
Personality

性格傾向とは、"ある人と他の人とをはっきりと分ける、特徴的な思考、感情、行動のパターンであり、それは、ある期間や状況にわたって持続するものである"と説明されています（Phares 1991）。これを、論理的に考えれば、誰か二人の人がいれば、その二人の性格傾向は、実際異なるので、認知症が、その二人を同じように侵すことはなく、また侵すことはできないと言えます。このことは、"認知症をもつ人の行動"は、しばしば、全面的に"認知症"のせいだとしてきたオールドカルチャーのケア実践では、完全に見過ごされてきました。

　認知症をもっているということは、その人の日々の生活経験に多くの変化をもたらすことになります。このような変化とは、他の人とのやり取りの中で、自分自身が"お世話をされている"立場になったことに気づいたり、見知らぬ人たちのグループと一緒に、馴染みのない状況の中で生活していることに気づいたりすることなどが、あるでしょう。

> 騒音や動きは、頭の中をかきまわす泡立器のようだ。頭の中にあるものをめちゃくちゃにして、外から頭に入ってくるものに、ガガーッという雑音や映像をかぶせる。私の頭の中にある雑多なものの中から一つだけ選び出すという、脳のフィルターがなくなってしまったような感じである。すべての音は、「がやがや」という騒音になって、人が何を言っているのかわからなくなる。（『私は私になっていく──認知症とダンスを』クリスティーン・ブライデン、馬籠久美子・桧垣陽子訳、p.147）

　まるで今までと違う世界や環境で生活をするということが、あらゆる人に、非常に強い感情を起こさせるものであることに疑いの余地はありませんし、さらに、その人のいろいろな反応に影響を及ぼすことになるでしょう。しかしながら重要なことは、私たちの誰もがそれぞれ独自の性格傾向をもっているので、そのような人々の反応は異なるものになるということを理解することです。

　現在、性格傾向を判断したり、理解するために最も研究されている方法は、5つの要素のモデルを使用するものです（McCrae and Costa 2003）。この5つの要素は、気質とも呼ばれ、神経質、精力的（外向性）、好奇心、調和性（協調性）、生真面目が挙げられています。これら5つの要素である気質は、生涯を通して変わらないと考えられ、生理学的な根拠があると思われています

(McCrae and Costa 2003)。この理論によれば、私たちの性格傾向は、これらの気質のそれぞれに対する傾向が組み合わされることによって形成されています。例えば、ある人は外向性に対する傾向は強くもっているかもしれませんが、調和性（協調性）に対する傾向はあまりなく、またある人は、調和性（協調性）に対する強い傾向はありますが、外向性に対する傾向はあまりないというように、まったく逆である可能性もあります。今、私は、5つの気質のうち、二つの気質だけの組み合わせを挙げましたが、もっと複雑な組み合わせもあるでしょう。そして、このような組み合わせによって、性格傾向は様々なものとなり、同じ状況に対しての反応は、人それぞれ、非常に異なるものとなるでしょう。

『認知症になると性格が変わる』と、しばしば言われていますが、この見解を支持する研究も、あるいは、それに反論する研究も、ほとんどありません。確かに、認知症と診断された人の行動が変化するという観察はありますが、これは、性格の変化を意味するとは限らず、その人が、"その人らしくなく"行動する原因となる理由はたくさんあります。本書を執筆している時点での、この議論についての著者たちの考えは、認知症をもつ人たちを含むすべての人々には性格傾向があり、これを明らかにすることは、パーソン・センタード・ケアを実現するためのよい実践である、という固い信念をもって取り組むことが重要であるというものです。

要点を明らかにするために、あるナーシングホームの談話室で、実際に起きたある出来事のあらすじを以下に示しますので、考察してみましょう。

ある男性の看護師が、病棟の認知症をもつ患者、アレックスに殴られました。この出来事が起きた時、この看護師は、談話室の中で入居者たちにお昼の薬を配っていました。オールドカルチャーに支配された考え方では、アレックスは"攻撃的な患者"というレッテルがつけられたでしょう。そして"彼は認知症だ。だから、攻撃的になったんだ"というふうな理論に基づいて説明がされることでしょう。ここで欠けているのは、アレックスの性格傾向に関する理解です。彼は、自分の感情に従って行動する、非常に神経過敏なタイプの人です。そのため、自分の周囲で起きていることが、すぐ気になり、反応しやすいのです。アレックスは、精力的なタイプでもあり、身体の動きが機敏で、大胆で、積極的です。そのうえ、彼は、物の見方が、昔かたぎの保守的な人で、正しいことと間違ったことについては、かなり頑固な考え方

をもっています。要するに、アレックスは考える前に行動しがちで、衝動的になりやすいタイプなのです。男性の看護師が、談話室で薬を配っていた時に、アレックスの目に映ったのは、屈強な若い男性が、かよわい老婦人を威嚇するように、見下ろしていた姿でした。彼の認知症が、彼が見たことを誤解させる原因となった可能性はありますが、彼の性格傾向がその行動を方向づけたのです。彼は、か弱い女性を守ろうとしていたのです。オールドカルチャーがはびこっているケア現場での、アレックスの行動に対する処置としては、薬剤を投与されたり、隔離されたり、皆から遠ざけられたりしたかもしれません。しかし、パーソン・センタードなケアチームであれば、性格傾向も含めて、行動に影響を与えるあらゆる要因を、より意識し、それに応じて、彼に対する巧みなケアを実践したでしょう。

　認知症をもつ人たちにとっては、自分自身の性格傾向について言葉で伝えることが難しい場合があるので、友人や家族に関わってもらうと助かるかもしれません。しかし、そのことによる問題も少なからずあります。つまり、認知症をもつ人の性格傾向について、認知症を発症する前と、今とでは周囲の人がもっている認識が異なっている可能性があるのです。さらに、これらの周囲の人たちがもっている認識が、当の本人がもっている認識と、同じこともあれば、異なっていたりする可能性もあります。例えば、母親の性格傾向に対して娘がもっている認識と、当の本人である、その女性がもっている自分自身の性格傾向に対する認識とでは、かなり異なっている可能性があるのです。

　パーソン・センタードなケアプラン作成のプロセスの一環として、性格傾向の全体像を把握する時には、あらゆる見地からの認識が重要です。しかし、第一番目に位置づけられるのは、本人が、どう思っているかです。まずは、当の本人こそが、自分自身の性格傾向を説明したり話したりする機会を与えられるべきなのです。パーソン・センタードなケアプラン作成のための性格傾向の書式は、性格傾向について考えたり話し合うための題材として、5つの気質モデルから成る、枠組みを示したものです。

1 性格傾向の全体像を把握するための書式を使う

　この書式は、全体像を把握しようとしているその人自身、あるいは、その援助者との会話を導き出すために使ったり、あなたが、その人の代わりにこの書式を完成しようとしている場合には、その人について考える際に助けとなるでしょう。この書式の各欄にある、棒線は、それぞれの気質についての傾向を一種のスケールとして示すものです。そこに、"○"の印を、ご本人と一緒につけていただくのですが、丸印をつけるたびに、位置が変わると考えてください。ある欄では、"○"の位置は左寄りになることがあり、その他の欄では、中間になったり、右寄りの位置になることもあるでしょう。それぞれの欄が、神経質、精力的（外向性）、好奇心、調和性（協調性）、生真面目という５つの気質を表しています。実際の気質の名称ではなく、欄内に書かれている言葉を使うと、より効果的です。手がかりとなるさらに多くの情報は、他の人たちから得たり、皆さんの毎日の観察からヒントを得る必要があるかもしれません。そのような場合には、その人を観察し、共に時間を過ごすことによって、あるいは、その人をよく知っている人と話すことによって、その人の全体像を導き出すことになります。

　性格傾向の書式には、先に説明した性格傾向を構成する５つの気質それぞれに関して設けられた５つの欄があります。その人独自の全体像を導き出すために、ご本人や他の誰とでも話す時には、この書式を使うと助けとなるでしょう。欄の下部にある余白を使って、コメントを書いてください。ここには、その人が自分自身について語ったことを引用したり、あなたが観察したことを書き加えたり、その人の性格傾向について、他の人たちからあなたがお聞きになったことなどを書いてください。

　この書式に書かれている言葉は、（自分からうまく適切な言葉が出てこない可能性のある）ご本人が、話しやすいように、示してありますが、あなたが話しかけているその人にとって、より意味があるものにするためには、必要に応じて自由に他の言葉に代えていただいて構いません。それぞれの線のどこにその人が位置するのかを、ご本人が印をつけやすいように促したり、その人や他の人たちが、それぞれの欄で使うキーワードや表現、言葉遣いをどう書いてよいか、促してあげてください。要するに、あなたが、全体像を把

握しようとしている相手の人と共に進めるプロセスや、あなたとの間に交わされる会話や、それによって築き上げられる人間関係こそが、最終的に書類に書かれるものよりも、ずっと重要なものなのです。

●欄1：気にしすぎる、クヨクヨする（神経質、神経過敏）⇔堂々としている、気にしない

　この欄は、性格傾向の5つの気質仮説の中の"神経質な気質"に関係するもので、通常は、精神科的なイメージを連想させる、どちらかと言えば不快にさせる言葉です。しかし、実際は、消極的（臆病）である、あるいは、神経質であるという意味です。自分自身を、より神経過敏で神経質だと考える人は、より堂々として自信に満ちている人と比べると、感情的な抑制ができない可能性があります。神経質で、神経過敏なタイプの人は反発的な傾向があり、自分の周囲で起きていることに、よりたやすく反応したり、より頻繁に不安感や悲哀感を経験します。これに対し、より自信に満ち、安定した人は、それほどたやすく周囲の出来事に過敏に反応しません（Howard and Howard 1995）。

　以下に、尋ねてみるとよい質問の例を挙げます。

> ●幼い時に、何かしら不安になったことがありますか？
> ●あなたは、割と大胆で自信に満ちていたほうでしたか？
> ●あなたは、その頃に比べて、ずいぶん変わったでしょうか？
> ●今のあなたは、自分のことを、とても神経質だと思いますか、それとも、それほどでもないと思いますか？
> ●自分が神経質であるとか、逆に、自信があると感じることがよくありますか、そうでなくても、時々は感じることがありますか？
> ●そうすると、あなたは神経質でもないし、自信家というわけでもなく、中間の辺りにいるということになりますか？
> ●それとも、ものすごく、神経質か、逆に、ものすごく自信がある、のどちらか一方に片寄っているでしょうか？

●欄2：外向的、活発⇔内向的、内気（引っ込み思案）

　これは、5つの気質に分類する仮説のうち、外向性に関係するもので、外向的で活動的な性格傾向と、より内向的なタイプとを対比させたものです。外向的な人たちは、自主的で、元来活発で、非常に率直で自己主張が強い可能性があり、社交を楽しみます。内向性の人たちは、内気で、控え目な傾向があり、それほど社交的ではありません（Howard and Howard 1995）。

以下に、尋ねてみるとよい質問の例を挙げます。

> ●あなたは内気（引っ込み思案）なほうだと思いますか？
> ●あなたは、外向的なタイプですか？
> ●人付き合いが好きなほうですか？
> ●あなたは少し内向的な人のように思えますが、○印は、この棒線（スケール）の端に付けましょうか？

●欄3：好奇心が強い、創意に富む、新しいものが好き⇔慎重、保守的

　これは、5つの気質仮説のうち、"好奇心（新しいものに対する関心）"という気質と関係しています。新しい経験に対してオープンな人は、優れた想像力をもっており、新しいこと、変わったことを経験することが好きで、広く興味をもっており、自由で偏見がありません。対照的に、新しい経験をすることに対して慎重な人たちは、よく、「保守派」などと言われ、型にはまっていて、保守的で、よく見慣れたり、聞き慣れた、よく知っていることを好みます（Howard and Howard 1995）。

以下に尋ねてみるとよい質問の例を挙げます。

> ●あなたは、毎日、いつもと違ったり、人と違ったことをしていたいですか？それとも、いつもと同じで、変わらぬ毎日を送りたいですか？
> ●あなたは、いろんな新しいことを考えつくタイプの人ですか？
> ●あなたは、人とはちょっぴり変わっていると思いますか？　それとも、一

定の枠からはみ出ないような型にはまった人だと思いますか？
●あなたは、好奇心があるタイプですか、それとも慎重なタイプですか？

●欄4：親しみやすい（協調的）、思いやりがある⇔負けず嫌い（競争好き）、遠慮会釈がない（ずけずけ言う）

　これは、5つの気質仮説のうち、"調和性"という気質と関係があり、親しみやすさ、思いやりがあり、情に厚いなどの特徴があり、これらに対するものとして、負けず嫌い、自己中心的である、遠慮なくずけずけ言う、執念深い（意地が悪い）、ねたみ深いなどがあります。人あたりのよい人たちは、親切で、共感的で、温かい人であると、評されます（Howard and Howard 1995）。

　以下に尋ねてみるとよい質問の例を挙げます。

●あなたは、温かく、ソフトなタイプの人ですか？
●他の人たちは、あなたを親しみやすく、感じのよい人だと思っていると思いますか、それとも、あなたは、遠慮なくずけずけものを言うタイプの人ですか？
●あなたは、他の人たちに対して思いやりがある（面倒見がよい）ほうだと思いますか、それとも、負けず嫌いですか？
●あなたはねたみ深くて、根にもつタイプですか？

●欄5：生真面目（有能で、きちんとしている）⇔のんき、無頓着

　これは、5つの気質仮説のうち、"良心的であること、生真面目"な気質と関係しています。人は、誠実であればあるほど、より有能で、忠実に義務を果たし、秩序を守り、責任感がある、几帳面な人だとされます（McCrae and Costa 2003）。その逆は、より柔軟性があり、屈託がないタイプと言えますが、彼らは、言い方を変えると、少々無頓着で、時に、より衝動的になる可能性があります。秩序を守り、責任感がある、几帳面な特徴をもっている人たちは、

このようなタイプの人に比べると、はるかに衝動を抑えることができる人たちです（Howard and Howard 1995）。

以下に尋ねてみるとよい質問の例を挙げます。

> ●あなたは、几帳面なタイプですか、予定表がないと心配になりますか？
> ●あなたは、ものごとをきちんと運び、完了させる責任をよく感じるほうですか？
> ●あなたはささいなことにもこだわる人ですか、それとも、あまり気にならないほうですか？
> ●計画が変更になった時、あなたはどう対処しますか、かなり柔軟性がありますか？

　性格傾向の全体像を把握するために関わる作業は、関わる人たち全員にとって、楽しく、肯定的な経験であるはずです。自分自身のことに想いをはせることは、記憶に頼ることはないので、あなたが全体像を把握しようとしている対象者から多くのことを聞かせてもらえるはずです。この書式は、手引きとしてあるだけですから、棒線の一つひとつのどこかに、○印を入れること自体は重要ではありません。ですから、この部分を続けることが、難しいと感じた場合には、そのまま止めても構わないのです。"あなたのことをわかろうとする"プロセスが全体として重要なものなのです。このプロセスは、個人的にでも、グループでも、そしてもちろん、ある期間をかけて、完了させればよいものです。

2 性格傾向を知ろうとする作業から、ニーズを探り、それがその人のニーズにマッチしているかどうかを再考し、それを文書にする

●ニーズを明らかにする

　性格傾向に関係するニーズを明らかにするには、現在の状況の中でその人

のよい状態を左右する可能性がある、その人固有の特徴について把握する必要があります。その人の全体像を振り返り、できるだけその人と一緒に、現在、実際に意味があると考えられる重要な事がらはどんなことでも明らかにしてください。「重要な事がら」の欄には、以下に挙げる5つの気質のうち、ものすごく極端なものから、多少その傾向があるものまで、含まれることになるでしょう。

- 神経質
- 内気（引っ込み思案であること）
- 好奇心
- 遠慮なくものを言うこと
- 几帳面に、きちんと管理したい

性格傾向という内容に関連して、これらの事がらが、実際、大きな意味をもつだろうと考える理由は、これらの特徴は、多くの場合、"認知症のためだ"、とか、"問題がある"などと、いわゆる"問題とされる行動"とみなされる可能性があるからです。これらのことは、その人がどんな人であるかということの本質であると理解すれば、パーソン・センタードな取り組みがより容易になります。

以下に、このような性格傾向の特徴が、ニーズにとってどのような重要な意味があるかについて例を挙げて、説明します。

- 神経質な人には——その人の不安が広がらないように常に、励ましや慰めを必要とするかもしれません。
- 内気な人には——一対一の状況のほうが、よりよい状態でいられるかもしれません。多数の人と交流しなければならないという環境では、ストレスを感じて、楽しめないかもしれません。
- 好奇心の旺盛な人は——その人の好奇心のために、活発でいられることもある代わりに、頑固（強情）になってしまうこともあるでしょう。
- 物怖じしない人は——攻撃的とみなされる可能性があります。
- 几帳面に、きちんとしていたい人は——その人の性格傾向のこのような気質

> を、わかってもらえないと、不安になったり動揺したりするかもしれません。

●ニーズを文書に表す

その人にとって重要であることを明らかにしたら、次は、現場で実際に使う３つの書式に書き留める内容に、それを反映させなければなりません。

> ●全体像のサマリーシート
> ●鍵となる重要な情報シート
> ●私のパーソン・センタードなケアプラン

・全体像のサマリーシート

全体像のサマリーシートの３段目に、"私の性格傾向に関係する重要な事がら"という題の欄があります。非常に重要な事がらを簡単に要約する余白しかありません。その人やその家族と話し合って、書き留める重要な事がらをどれにするか決める必要があります。これに書き留めることの例としては次のようなものが考えられます。"ジェイムズは、ぶっきらぼうで、遠慮なくものを言う性格で、今までもずっとそうだったが、他の人たちの気分を害するつもりはない"、あるいは、"イヴェットは、とても内気で、グループでの活動に参加するようプレッシャーをかけられるのはあまり好きではない"。

・鍵となる重要な情報シート

鍵となる重要な情報シートで、重要な項目は、ページの一番下にある、表題が"私のケアに関わる人たちに知っていてもらいたい重要な情報"となっている欄です。もし、その人の性格傾向の全体像を把握しようとしている時に、他の人たちに知っていてもらうことが非常に重要だと、その人が感じていることが何か出てきたら、それはこの欄に記入すればよいでしょう。例えば、ある人が、非常に神経質で、常に自信を回復できるように、また安心できるように励ましが必要である場合や、冒険心や好奇心が旺盛で、これを実現するにはそのような場所と時間が必要である場合には、この欄に書くべき重要な情報となります。

・私のパーソン・センタードなケアプラン

　最終産物である**私のパーソン・センタードなケアプラン**は、人生歴、今までの生活スタイルとこれからの生活に望むこと、性格傾向、心と体の健康、何かをする潜在的な能力、認知能力、今まさに生きている人生、に関連して行う、あらゆる全体像把握の作業から引き出されるものです。**私のパーソン・センタードなケアプラン**には、3つしか欄がありません。左側にある欄には、"私のニーズは"という表題がついています。真ん中の欄には、"私の援助者は"という表題があり、右側の欄は、見直しをする日を書き入れるためのものです。

　私のパーソン・センタードなケアプラン作成プロセスのこの段階では、性格傾向から出てくるニーズに関係した、"私のニーズは"という表題の欄にだけ情報を記入すればよいのです。すでにお話をしましたので、繰り返しになりますが、これらのニーズは、それが満たされるかどうかで、その人の一日が、すばらしいものになるか、台無しになってしまうかが、左右されるほど、その人にとって重要なことなのです。

　"私のニーズは"の欄に、記入したらよいことの例は、次のようなものです。

●あきらめず、立ち向かうタイプなので、そのような時は、力を貸してほしい。
●私の周りが、きちんと整理整頓されていると、私はちゃんとできている、と安心できる。
●私は、はっきりと遠慮なくものを言う人間だけれど、嫌いだから言っているわけではないことを、わかってほしい。

まとめ 第4章

- 二人いれば、二人とも性格は異なるわけですから、認知症になったとしても、二人が同じようになるわけではありません。

- オールドカルチャーがはびこっているケア現場では、その人の"行動"は、性格傾向を考慮することなく、全面的に"認知症"のせいだとされてきました。

- パーソン・センタードなケアの実践のためには、どんな人にも性格傾向はあるし、当然、認知症をもつ人にも同様に性格傾向はある、という固い信念をもって取り組むことが重要です。

- パーソン・センタードなケアプラン作成のための、性格傾向の書式は、本人と性格傾向について考えたり、話し合ったりするための題材として、5つの気質仮説のモデルから採用した枠組みを示しています。

- 性格傾向に関係するニーズを明らかにするには、現在の生活の中でその人のよい状態に影響を与える可能性がある、個人の特徴を知る必要があります。

- パーソン・センタードなケアプランを適切に使用すれば、その人の、現在の日々の生活の経験の中で考慮されなければならない、独自の性格傾向と関連するニーズが明らかになることでしょう。

第5章

心と体の健康

Health

心と体の健康に関する問題によって、私たちは大きな影響を受けます。しかし、それらは、たとえ起きたとしても、多くの場合、対処できるのですが、これらの問題が、認知症をもつ人に起きた場合には、依然として、ないがしろにされ、認知症自体によって引き起こされた問題であるとみなされることがあります。

　認知症の長期療養棟に入院していたバリーを例にとってお話しましょう。彼には、まさにこの通りのことが起きていたのです。バリーは、可動性が衰えており、話すことも困難だったにもかかわらず、いつもニコニコ微笑んでいました。いつ頃かは、誰も正確に思い出せないのですが、彼が微笑まなくなっていたことに、誰となく気づき始めました。しかし、病棟のチームは、このことを"認知症"のせいにし、バリーは認知症が進行し、悪化してきているのだと決めつけていました。そうするうちに彼が腰の骨を骨折していたことが明らかになり、私たちは全員、ショックを受けました。

　認知症をもつ人は、自分の心と体の不調について伝えることができず、適切に管理をすることができないかもしれません。さらには、治療可能な健康問題が見落とされるリスクが高いという可能性があります。そのため、その人の心と体の健康については、常に、定期的に全体像が把握されていなければならないのです。ケア施設に新しく入所してきたばかりの人は誰でも、その全体像をなるべく速やかに、把握しなければなりません。パーソン・センタードなケアプラン作成のプロセスのこの部分では、すでに実施されている健康診断による評価や報告や、さらに評価を要する、現在抱えている健康問題については、どのようなものでも明らかにするのですが、それにあたっては、その人の視点に立った心と体の健康に対する配慮が必要です。

　心と体の健康についての全体像を把握することには、認知症をもつその人自身が全面的に関わるべきです。英国意思決定能力法（2005）の下では、認知症をもつその人自身には、自分の意思決定をする能力があるとみなし、その人と協力して取り組まなければならないとされています。しかし、もしもそのような能力がないと判断された場合には、この限りではありません。この意味するところは、もしあなたが、その人の健康について全体像を把握し、管理するのを支援するのであれば、あらゆる実行可能な手段を用いて、その人が自分で意思決定を行えるように、相手を手助けする義務が、あなたにはあるということです。意思能力は、様々な場面で異なる可能性があり、ひと

くくりには、とらえられません。言い換えれば、一つひとつの状況によって必要とされる意思能力が異なるのです。例えば、ある人は、頭が痛む時、鎮痛剤を飲むという決定をする能力はあるかもしれませんが、前立腺がんの外科手術をするかどうかの意思決定をする能力については、不十分かもしれないのです。また、意思能力は、いろいろな要因によって、変化し、変動することがあります。これらの要因としては、その人が、どのくらい疲れたと感じているか、身体の調子がよいか悪いか、また、どの程度、適切に情報がその人に伝えられているかどうかなどが考えられ、こういった要因によって、意思能力は変化するのです。

意思能力は、以下の基準を使って、個々の意思決定に関して評価、判断されます。

- 意思決定をすること、または、しないことによって、起こり得る結果についての理解も含め、意思決定にとって重要な情報を、その人は理解できるのか？
- 意思決定をするために、十分長い間、その人はこの情報を記憶、保持しておくことができるのか？
- その人は、選択に至るまで、その情報を使って比較し考慮することができるのか？
- その人は何らかの方法で、自分の意思決定を伝えることができるのか？

本人の意思能力が不十分な場合には、その人のベスト・インタレスト（最善の利益）のために行動をとる努力義務を負う人に、責任がかかってきます。そのような場合は、その人に代わって、健康に関係する意思決定をする代理人を任命しているかどうかを調べるべきです。この件については、第3章の"これからの生活に望むこと"の節に、さらに詳しい記述があります。

ある人のベスト・インタレスト（最善の利益）のために行動をとるには、言語や非言語によるコミュニケーションと、きめ細やかな観察をして、把握している健康に関する問題の全体像について、可能な限り多くのことを探り出すことが必要となります。また、その人の家族や、その人を知っていて、心からその人のことを考えている友人にも関わってもらい、あなたや、他の

適切なスタッフや援助者のどんな人にも協力してもらえるようにする必要があります。認知症をもつ人本人に代わって、誰か他の人に話してほしいかどうか、もし、そうしたいのなら、誰に頼みたいかを尋ねることは、よい実践です。

　介護や医療が提供されているケア施設では、体温、脈拍数、血圧のような身体の健康に関係する情報は必須のものかもしれません。このよい実践のためのガイドに含まれている健康状態を知るための書式には、これらの側面は含まれていません。なぜなら、このような情報は、通常、すでに資格のある看護師や医師によって得られているからです。しかし、このパーソン・センタードなケアプラン作成のプロセスを試験的に行なった時、それに協力した看護スタッフたちによって、自分たちのとったこれらの医療記録は、パーソン・センタードなケアプランに、非常に簡単に組み込めることがわかりました。

　ここで、記録する情報は、今までの生活スタイルとこれからの生活に望むこと、に関する全体像把握のための文書を完成させる時に記録する情報とは異なるものです。生活スタイルは、むしろ、好みと関係があります。例えば、生活スタイルとは、風味や香りのよい食べ物よりは甘いもののほうを好む、コーヒーよりは紅茶が好きである、セーターではなくカーディガンのほうが好きであるなどを意味するのに対して、健康についての全体像を把握するための文書では、心と体に関する様々な機能がどのように働いているかということや、健康的な機能を維持するためにその人が必要とすることに、焦点を置いています。全体像を把握しようとするプロセスで、重複や、反復する部分が出てきても、気にしないでください！　これは、重要なことではありません。この全体像把握のプロセスを踏んでいく主な目的は、"その人"のことをよりよく知ること、その人のニーズを理解し、どうすればそのニーズを満たすことができるかを理解することにあるからです。

　健康に関する全体像把握のためのプロセスでは、現在の健康状態や治療について詳細に探り出すことによって、手がかりとなる情報が集められます。こういった情報には、その人がどのように日々の生活を送っているか、心や体の健康に関しての潜在的なニーズで満たされていないものは、どんなものがあるか、何かリスクはあるか、疼痛はあるか、認知症と取り組むうえでそ

の人は、何を優先させたいのか、などが含まれます。この情報は、その人が健康を維持できるようにするだけでなく、どこか具合が悪くなった時に、援助者の注意を喚起するためにも、役立ちます。例えば、普段は日に三度の食事をきちんと食べる人が、最近は、ほんの少ししか食べなくなっている場合には、どこか具合が悪いのかもしれません。しかし、元々小食な人の場合には、心配するようなことはないでしょう。同じように、いつも夜遅くまで起きていてソファで眠っていた人が、ケア施設でも同じようにしているのであれば、心配する必要はないでしょうが、いつも早く寝室に行き、布団に入って眠っていた人がこんなふうであれば、これは心配すべき行動パターンと言えるでしょう。

　その人がこれらの日々の生活の活動にどのように関わっているかについて知っているとなぜよいかというもう一つの理由は、その人の活動に関わり続けるニーズが、理解され満たされることができるからです。これらの慣れ親しんだ生活での経験によって、私たちは、日常生活の動作や活発さを維持し、安らぎを得ることができ、さらに、目的意識や自分は誰であるかという感覚ももてることになります。それでも、一人ひとりの人は、どのように異なっており、唯一無二の人であるかということを、私たちは、常に心に留めておかなければなりません。ある人は、衰えつつある認知能力に対処するために、慣れ親しんだ、決まった手順や習慣をよりどころとするかもしれませんが、他の人は、異なる手順を望んだり、必要とするかもしれません。その人のケアプランを作成したり、見直している時に最も重要なことは、行動の変化や、よくない状態や、苦痛の潜在的原因としての体調不良を詳しく調べることであり、それが、よい実践につながります。

1 心と体の健康の全体像を把握するための書式を使う

　この文書は、すべてのパーソン・センタードなケアプラン作成のための文書のうち、最も、込み入っていて、長い文書です。全部で4ページあります。1ページ目は、現在の健康問題について、医薬品や錠剤、体重、タバコやアルコールの摂取について、全般的な情報を記録するためのものです。2ペー

ジ目と3ページ目は、機能について、適切な食事を摂ること、十分な水分を摂ること、コミュニケーションをとること、安全に移動すること、トイレを使うこと、睡眠をとること、よく見えること、よく聞こえること、そして、健康な、歯や歯肉・歯ぐき、心臓と肺、足や皮膚に関するニーズについての詳細な情報を記録するためのものです。

　これらの項目のそれぞれについて、全体像把握のための欄があり、ここには、現在の状態を書き留め、私が特に必要としている支援の欄には、その人の現在の状態を維持するためのその人のニーズを記録します。専門医の評価・判断をチェックする選択欄がありますが、あなたや、あなたが全体像を把握しようとしているその人自身が希望すれば、この欄にチェックを入れてください。3ページ目の最後のところに、疼痛や、その人に関する健康に対する具体的なリスクについての情報を記録する欄があります。4ページ目には、心の健康とよい状態、その人の記憶障害、診断や、この情報の管理方法についての要望などの情報を記録する欄があります。

●**私の現在の体調は**

　この欄には、その人の現在の体調について、直接関係のある情報を書き留めることができます。これには、長期の、すでにわかっている症状で、その人が元気で健康であり続けるために管理する必要があり、そのために支援が必要なものが含まれます。高齢者の場合には、体調不良は、一つの問題とは限らない可能性があります。

　その人の現在の体調について教えてもらいたい時には、相手の人が、自由に答えられるような聞き方（オープンクエスチョン）※をしたいものです。もっと言えば、より答えやすいように、身体の機能系統や場所に、質問を分けて尋ねるとよいかもしれません。

　例えば、以下のように分けて、それぞれについて、何か病気や問題があるかどうかを聞き出してはどうでしょうか。

> ●筋肉の具合はどうですか？
> ●骨は？
> ●目、耳、鼻の調子はどうですか？

- 心臓や呼吸器の病気は？
- おなかの調子はどうですか？
- 手、足は？
- 手の指や足の指は？

※オープンクエスチョン
　「足は痛いですか？」など「はい、いいえ」で答えられる質問をクローズドクエスチョンと呼び、「足はどうですか？」など、自由な表現で答えられる質問をオープンクエスチョンと呼ぶ。（監訳者注）

　あなたは、その人が、順番に、身体の各部位に注意を向けられるように、手助けすることができます。例えば、足から始めて、その部分に何か痛みや、不快なことがあるか、また、それに対して軟膏や、飲み薬や、他に何かしてほしいことがあるかを聞くべきです。直接、コミュニケーションをとることが難しい時には、絵や人形を使うと役に立つことがあり、身体の様々な部位について、その人が考えやすく話しやすくなる、と言う援助者もいます。

　カルテ、看護記録、専門家の報告書のような医療書類から情報を得ることは重要なことです。このような情報と、本人、家族や友人からの情報があれば、体調に関する重要な情報を見落とすリスクを大幅に減らすことができるでしょう。

　あなたが全体像を把握しようとしている相手であるその人は、自分の医療に関する記録を入手する権利があり、また、代理人が、その人に代わってその情報を請求することもできます。データ保護法（The Data Protection Act 1998, 2000）によって、患者や任命された代理人は、適正な料金を払えば、情報開示請求をその人の担当の一般医に提出することができることになっています。その情報開示が、その人の身体や精神の健康に重大な害を及ぼすものでない限り、その人は、21日以内に自分の医療記録の写しを受け取る権利があります※。この件についてのより詳細な情報は、英国保健省、また、英国医学協会（the British Medical Association）から取得できます。連絡先の詳細については、この本の後部に掲載されている、役に立つ情報資源のリストの中に含まれています。

※この法律は、英国のものだが、日本でも情報開示請求はできる。(監訳者注)

●私が現在受けている治療は

　処方されている薬や、その他の治療で、あなたが全体像を把握しようとしている人に現在必要なものは、どのようなものでもこの欄に書き留めるべきです。これらの薬がどんなものであるかを知るためには、感覚ではわからず、きちんと記憶していないとわからないので、あなたが全体像を把握しようとしている人に、その人の薬を見せてもらえるかどうかを尋ねるだけではなく、誰か薬を管理している人がいるかどうかを聞くとよいかもしれません。その人は、あなたが、(自分の代わりに)他の人たちに相談することを、多分快く承知してくれるでしょうが、それでもやはり、その人の許可を求めることが、よい実践をするうえで必要なことです。

●私がアレルギー反応を起こす薬剤、物質、環境でわかっているものは

　この欄を記入することは最も重要です。あなたが全体像を把握しようとしている対象者が、自分のアレルギーについて伝えることができない場合、あるいは、その人が詳細な説明を十分することができない場合には、その人の許可を得て、家族や、友人や、以前の医療記録から情報を得るべきです。アレルギー反応を起こす薬剤にはペニシリンなどがあり、ある種の香水やクリーム類、また、金や銀のような金属もアレルギー反応の原因になる可能性があります。アレルギー反応を引き起こす環境というものもあり、ほこりっぽい部屋や、猫などのペットがいる環境、また、一年で花粉指数が高い期間などがそれにあたります。

●体重

　「私は、今の体重でよいと思います／思いません」という問いについては、認知症をもつ人本人が答えた通りに、記録してください。要するに客観的事実はどうあれ、本人がどう思っているかを、まずは書き留めましょう。そしてもしも、その人が健康に害を及ぼすほどやせていたり、逆に太っていると、

あなたが考えた場合には、この点をその人と話し合って、探ってみるべきです。健康のリスクがあるほどだと、あなたが思うのならば、体重を測ってもよいかと、その人に聞いてみるとよいでしょう。そのうえで、その人の体重を測ってください。

● タバコやお酒をたしなむこと

　認知症をもつ人が喫煙するかどうか、あるいは、飲酒するかどうかについての情報を得る目的は二つあります。その一つは、その人のよい状態を維持するためです。今まで通り、タバコを吸ったりお酒を飲むことができなくなると、よい状態を損なうことになる可能性があります。もう一つは、健康上の理由です。ある種の治療や、薬の中には、喫煙や飲酒をしている人に投与するとリスクがあるものもあるからです。

　全体像把握のための欄と、各機能についてその人にとっての特別のニーズを記入するもう一つの欄（私が特に必要としている支援）があります。各機能とは、食べること、飲むこと、コミュニケーションをとること、移動すること、トイレを使うこと、睡眠をとることです。全体像把握の欄は、現時点でこれらの機能がどのように働いているかを記録するための欄です。これらの活動を行うために、現在その人が何らかの支援を受けているなら、私が特に必要としている支援の欄に、どんな支援でも書き留めるべきです。可能ならば、いつ、誰がこのニーズを判断したのか、また、その支援とはどんなものであるかを記入してください。例えば、"ベティは、〇〇年6月に、作業療法士による評価を受け、ナイフとフォークを使って食べる食事には、プレートガードと呼ばれる、食べ物が皿の縁からこぼれ落ちないように、皿の縁の半周部分に取り付ける枠が、必要だと思われる"などと、記入します。

図5：プレートガード

　その人が、日常生活での活動を行うのに何か問題がある場合、または、その活動を行う結果や行わない結果として、その人に身体的あるいは、心理的

な苦痛がある場合、その人に、専門家による診察や評価（アセスメント）を受ける気があるかどうかを尋ねるべきです。その人が、このことについて意思決定をするのが難しい場合や、意思を伝えるのが難しい場合には、その人のベスト・インタレスト（最善の利益）のために、あなたが意思決定をし、それをその人やその他の重要な家族の人たちや援助者に伝えるべきです。一番右側に、専門医への紹介を促すために、チェックを記入する欄があります。

●食べること

ここには、その人がどれぐらいの量を食べる必要があるのか、いつ食べるのか、その他にも、その人が摂らなければならない食べ物、摂ってはならない食べ物についての詳細を記録します。これは、その人が食物アレルギーをもっていたり、糖尿病を患っている場合には、特に重要です。

このようなことが、極めて重要であることは、わかっていただけると思いますが、そこでの生活が、施設によくある、決まった手順に従って業務的に流れているような施設では、驚くほど簡単に見逃される可能性があります。

私が最近経験した、例を挙げて説明しましょう。ある男性が、オールドカルチャーが支配しているような病棟から移って来たのですが、報告によると、その人はそこでは決して朝食を摂らなかったということでした。私たちのところへ来てほんの２、３週間のうちに明らかになったのは、この男性は、朝起きた時には、まず一杯のお茶を飲み、その一時間ぐらい後で朝食を摂ることが、彼の好みであるということでした。そうすれば、彼は朝食を喜んで食べたのです。要するに、オールドカルチャーが蔓延している病棟の生活の手順の中では、これが許されていなかったのです。毎朝、決まって同じ時間に、朝食を"与えられて"いたのですが、めったにそれを食べることはありませんでした。ニューカルチャーが浸透している、認知症の専門のユニットのスタッフは、一人ひとりの人が、いつもの朝の手順通りに過ごせるようにしていて、施設の都合ではなくその人に合わせて、朝食が出されるようにしていました。

「食べること」の右の欄にある「私が特に必要としている支援」は、その人がよりよく食べられるために必要なニーズを書くものです。これらのニーズは、必要とされるナイフ・フォーク・スプーンなどの食器や、どのように食

べ物を出したらよいかを書いたり、その他にその人にとってよりよく食べられるような条件を書くことになるでしょう。例えば、その人にとっては、大きなスプーンではなく、小さなティースプーンを使うほうが食べやすいかもしれませんし、プレートガード（図5、p.105）と呼ばれる、食べ物が皿の縁からこぼれ落ちないように、皿の縁の半周部分に取り付ける枠があれば、食べやすいかもしれません。食べ物を細かく切ってもらうことが必要かもしれません。あるいは、その人は、誰かと一緒ではなく独りで食べることを好んでいるかもしれません。私が特に必要としている支援の欄を使って、以前にその人に関して行われた専門家の評価（アセスメント）があれば、どんなことでも書き入れてください。あるいは、今、専門家のアセスメントを受けることが、その人にとってためになる可能性があるなら、一番右側の欄にチェックを入れてください。

　食べることに関しての専門家のアセスメントが求められるのは、普通、その人にとって食べることが非常に困難である場合です。そのようなアセスメントは、その人が経験している困難の質によって、また、あなたの地域のサービスがどのように組織されているかによって、言語聴覚士、作業療法士、栄養学の専門家、栄養士、専門看護師によって行われる可能性があります。最初のアセスメントは医師によって行われ、その医師から専門家への紹介が必要になるかもしれません。

　食べることを難しくさせている要因には以下のようなものがあります。

筋肉や運動機能をうまく連動して使うことが困難になっているための問題

- 顔面、口腔、咽頭に障害があるために、その人が食べ物を喉に詰まらせたり、咀嚼嚥下が困難になっているかもしれません。
- 腕や手に障害があるために、その人が食器（や器具）を持ったり、うまく扱うことが困難になっているかもしれません。
- 腕や手に障害があるために、その人が、食べ物を切り分けたり、すくったり、口に運んだりするなど、食べるための動作を行うことが困難になっているかもしれません。

認知的な障害の問題

- 認知障害のために、その人が食器をうまく使えなかったり、食べ物を切り分ける、すくう、口に運ぶなど、食べるための動作を行うことが困難になっているかもしれません。

医学的、社会的、心理的、文化的な問題

- 医学的、社会的、心理的、文化的な理由（要因）のために、食べる能力があっても食べなかったり、食べる気持ちがなくなったりしているのかもしれません。

●飲むこと

　この欄に関しては、その人がどれぐらいの量を、いつ、飲む必要があるかについて探り出さなければなりません。すでにお話した例では、朝に一杯のお茶を飲むことは、その男性が朝の習慣として必ずする重要なことの一つでした。ですから、どのような種類の飲み物を、いつ飲むのかという習慣について、もっと多くの情報を援助者が知っていれば、助けになったことでしょう。

　ケア施設が押しつけている、決まりきったやり方のもとで、その人がどんなふうに過ごしているかを、探るためにはその人をよく観察する必要があるでしょう。その人は、十分に飲み物を飲んでいるでしょうか？　飲み物はいつ飲めるようになっていて、どのように飲み物が出され、その人は出されたものをちゃんと飲んでいるでしょうか？　英国栄養学協会（The British Dietetic Association）は、平均的な成人は一日に2.5リットルの水分を摂るべきであると勧めています。このうち、一日に1.8リットル、つまり、コップで6～7杯に相当する水分は、直接飲料から摂らなければならないとしています。天候の暑い時期や、身体を使う活動を行なっている最中やその後には、摂取する水分の量を増やさなければならないと勧めています。同協会の連絡先の詳細については、この本の後部に掲載されている、役に立つ情報資源のリストの中に書いてあります。

　認知症をもつ人にとって、飲料を飲んだり、水分を補給することに関する

「私が特に必要としている支援」には、定期的に水分を提供してもらうこと、飲み物をその人の手に持たせてもらうこと、言葉で促すことによって、飲料を飲み始められるように支援してもらうこと、飲みやすいように加工された特別にあつらえたコップで飲むこと、水分を補給する方法として、とろみをつけた飲料や、フルーツゼリーを出してもらうことなどが入るでしょう。

その人が、飲料としてだけではなく、水分を含むものを摂るにあたって、これまでに専門家のアセスメントを受けたことがある場合には、私が特に必要としている支援の欄に書き留めてください。例えば、"○○年11月、ジョンは、言語聴覚士によるアセスメントを受け、彼の飲み物はとろみをつけてもらう必要がある"と記入します。あなたや、全体像を把握しようとしているその人のどちらかが、専門家のアセスメントを受ける必要があると考えるなら、一番右側の欄にチェックを入れてこのことをはっきりさせておくべきです。食べ物を摂ることと同じように、このタイプのアセスメントは、たいていの場合は、言語療法士、専門看護師、作業療法士によって行われることになるでしょう。

飲むことを難しくさせている要因には以下のようなものがあります。

筋肉や運動機能をうまく連動して使うことが困難になっているための問題

- 顔面、口腔、咽頭に障害があるために、その人が、飲料を飲もうとするとむせたり、少しずつすすったり、吸う、飲み込む動作が難しくなっているかもしれません。
- 腕や手に障害があるために、その人が、コップなど、飲料を飲むための容器を手で持ったり、扱うことが難しくなっているかもしれません。
- 腕や手に障害があるために、その人が、飲み物が入っている食器に手が伸ばせなかったり、持ち上げることが難しくなっているのかもしれません。

認知的な障害の問題

- 認知障害のために、その人が飲料を飲むための容器をうまく扱えなかった

> り、飲料を摂るための様々な動作（飲料に手を伸ばす、持ち上げる、少しずつすする、吸う、飲み込むなど）を自分から始めたり、一通りちゃんと行うことが難しくなっているかもしれません。

医学的、社会的、心理的、文化的な問題

> ●医学的、社会的、心理的、文化的な理由（要因）のために、飲む能力があっても飲まなかったり、飲む気持ちがなくなったりしているのかもしれません。

●コミュニケーションをとる

　年を重ねるに従い、私たちのコミュニケーションをとる能力や、コミュニケーションのとり方も変化します。高齢者は一般的に、動作などが緩慢になりがちで、何かを伝えようとしても、今まで以上に多くの時間がかかり、情報を理解し、反応したりするにも、余計に時間がかかるようになります。他にも、話すための機能的構造と関係がある変化があるかもしれません。高齢者によっては、話すために必要な筋肉を、効率的に使うことがうまくできなくなっていることがあります。このため、言葉が、聞き取りにくく、呂律がまわらないように聞こえることがあります。胸の病気や全般的な衰弱のために、声が弱々しくなって、コミュニケーションにも影響を及ぼすこともあります。

　認知症をもっているということは、その人のコミュニケーションをとる能力に様々な面で影響を及ぼし、以前から存在する困難をさらに悪化させます。最も重要なことは、人はそれぞれ違っており、また、直接認知症に起因すると考えられる、いくつかのよく生じる困難はあるとはいえ、援助者は、一人ひとりの人が自分の周囲にいる人たちとコミュニケーションをとることができるためには、どんなことが必要であるかを知り、理解するために、最善を尽くすべきだということです。

　理想的には、その人本人が、コミュニケーションに関するニーズについて話し合う場に招かれるべきですが、これが難しい場合には、あなたが、家族の人たちに尋ねる必要があるでしょうし、その人とコミュニケーションをとっ

たあなた自身の経験から考える必要があるでしょう。

　さらに、重要なことは、コミュニケーションは、必ずしも言葉を介するものだけとは限らないということを、心に留めておくことです。コミュニケーションの9割は、顔の表情、身ぶり、ボディーランゲージを介してなされ、さらに触れたりすることや、声のトーンなどを通してもなされます。ですから、その人が用いる、このような非言語的な方法も、この欄に記入すべきです。この欄を使って、満たされていないニーズのどんなものも拾い出し、その人の現在のコミュニケーションのとり方や、コミュニケーションをとるために必要な支援についての情報を記録してください。

　その人が何か言葉を発する困難を抱えていないか、あるいは、言葉を使う際に何か独特なやり方があるかについて、探ることから始めてください。こういうことの中には、次のようなものが含まれる可能性があります。

● （話すのに必要な）筋肉や運動機能をうまく連動して使うことが困難になっているために、言葉を話すことが難しくなっているのかもしれません。
● 難聴があったり、聴覚神経の障害があるために、言葉を理解することが難しいのかもしれません。
● 適切な言葉が出にくくなっているのかもしれません。
● 話している間に、何を話しているかがわからなくなる（話が冗長で、的を得ていない）のかもしれません。
● 話が一貫しておらず、つじつまの合わない話し方になっているのかもしれません。

　その人が使う何か非言語的なコミュニケーションの方法も、書き留めるべきです。例えば、次のようなものがあります。

● 手を振る、その他の身ぶり
● うなずく
● 微笑む
● まばたきする、目くばせをする
● 抱きしめる、手を握る
● 視線を合わせる

- ●大声で叫ぶ
- ●鼻歌を歌う、歌を歌う
- ●表情に出す

　全体像把握のための欄を使って、その人が現在どのようにコミュニケーションをとっているかを記入してください。例えば、"イヴェットは、非常に小さな声で話し、話しかけられた時には、答えるのに長い間かかる。単語は、ちゃんと出てくるけれど、時々、自分の言っていることがわからなくなってしまう。イヴェットは、自分の好きな人たちに、うれしそうに手を振り、友達がそばにいる時には、手を握ることが好きである。彼女は、動揺したり、怒ると、しかめっ面をし、つばを吐く"などと書くとよいでしょう。次に、私が特に必要としている支援の欄に、他の人たちが彼女を助けるためにしていることをすべて、書き留めます。例えば、"イヴェットは、答えるのにたくさんの時間が必要で、自分の話の流れを見失った時には、思い出させてあげる必要がある。手を振ってもらうこと、自分の好きな人たちのそばにいることが好きである"などと書くとよいでしょう。

●移動する

　移動する、ということは、今いる世界の中での私たちの位置を変えたり、思い通りの場所にいられるようにしてくれ、また、人間は、そう行動する強く自然な欲求をもっています。自由に動くことには、歩く、這う、ベッドやイスに移る、ベッドやイスから移動する、ベッドやイスでの自分の体位を変える、車いすを自走するなどの行為から、乗り物や車を自分で運転するなど、広い範囲の行動が含まれています。

　介助を受けて動くことには、体位を変えたり、移動する時に、身体の障害や、認知障害のために、うまくできないことを支援してもらう、持ち上げられる、（滑車などの機器を使って）持ち上げられたり運ばれる、位置や場所を変えるために、車いすを押してもらったり、車を運転してもらったりするなどが含まれます。移動することを促し、支援することは、よいことです――移動することを止められると、フラストレーションや怒りという反応をもたらすこ

とになり、それによって、身体的、精神的な不調や、よくない状態を引き起こす可能性があります。

　この欄には、その人が、いつ、どのように移動するか、行きたい場所や、どうしても移動する必要がある場所、そして、どういうきっかけで、その人が居場所を変えたいと思うのかについて、なるべく多くのことを書き留めるべきです。歩行可能な人については、どの程度歩くことができて、自信があるのか、屋外や屋内で、どれぐらい歩くことができるか、その人が歩きまわる時には、日中や夜のある時間帯を選んでそうするのかどうかを、明らかにする必要があります。その人が、いつも非常に活動的だったので、たくさん歩きまわることが必要だという場合もあるかもしれません。例えば、全体像を把握しようとしている相手であるその人が、不安を感じていたり、見当識を失いがちになっている時には、動きまわる傾向にあり、午後になると家に帰りたがるのであれば、このことを、この欄に書き留めるべきです。また、その人が介助なしには動くことができないので、"動きまわる"といういつもの日課は、その人に代わって他の誰かに促してもらったり、対応してもらう必要がある場合にも、この欄に書き留めるべきです。この場合には、専門家のアセスメントを考える必要があるかもしれませんので、これが必要なことがわかるように、一番右側の欄に、チェックを入れてください。

　全体像を把握しようとしている人の動きが限られている場合にも、自分の移動の仕方について、どれほど活発で自信があると感じているのか、どれぐらい動いていると思っているのか、日中でも夜でも動きまわりたくなる、ある時間帯があるのかどうかを、探り出すことが重要です。例えば、これまでに転倒したことがあり、自宅からケア施設に入居した人は、介助なしにイスやベッドへの移動や、イスやベッドからの移動が、著しくのろく、不安定で、何とか移動しようと悪戦苦闘しているかもしれません。その人が、家で自由に動きまわっていたのであれば、活発であり続けたいと望むでしょう。また、それがその人の決まってすることだったのであれば、おそらく夜間でも動きまわりたいと思うことでしょう。このような事例であれば、その人の全体像の文書に、次のように、これを書き留める必要があります。"サラは日中、時々は夜間も、足元が不安定にもかかわらず、動きまわる"。彼女の場合は、専門家による可動性や移動性についてのアセスメントを受けるよう提案することが、よい実践となります。そうすれば、サラのパーソン・センタードなケア

プランの一環として、適切な認知的、身体的な支援が使えるようになる可能性があります。

　転倒予防に大きな目標を置き過ぎているために、その人の移動に関する、その人なりのやり方をわかろうとせず、むしろ制限してしまうケアプランは、その人の心と体の健康や、その人にとってのよい状態を維持し、さらによくするためには、まったく役に立たないでしょう。

　身体を動かさないことは、それ自体で、重大な危険をもたらします。動くということは、便秘や失禁、深部静脈血栓症や肺塞栓症、浮腫や褥瘡などの好ましくない身体状態に陥ることを予防し、また、孤独やうつ病の原因となる孤立といったよくない心の状態を回避するためにも、極めて重要なことです（Young and Dinan 1994）。

　その人が、すでにアセスメントを受けていて、その結果、杖や押し車、歩行器のような歩行補助具を使っていたり、車いすを使っている場合、あるいは、ベッドやイスからの移動の際の介助のように、移動手順のどんな部分でも、人の力による支援を必要とする場合、あるいは、動き始める時や、動き始めてもその動きを続けることが、認知障害のために、うまくできなくなっているので、それをサポートするための支援を必要としている場合には、これらのことは、私が特に必要としている支援として書き留められるべきです。

●トイレを使う

　トイレに行くことは、日常生活の中で生命の維持に不可欠で、必須の行為の一つです。トイレに行くことに、不自由を感じることは、苦痛であり、不快であり、恥ずかしい思いをすることです。また、その人の生活を非常に惨めなものにします。しかし、認知症をもつ多くの人たちが、トイレで排泄（大小便）をすることに苦痛や不快を感じていることについては、見過ごされていたり、重要視されていない面があります。さらには、認知症になれば、必ず起きてくる仕方のない問題とさえ思われています。トイレに行くことに関係する問題が、まったく対応されていないか、あるいは、その対応が、不十分な場合には、その人の心と体の健康に悪い影響を及ぼす可能性があります。パーソン・センタードな取り組みでは、物理的なケア現場の環境調整はもち

ろんのこと、スタッフらは、認知症をもつ人たちが、トイレに行くことに関して経験する、苦痛や、不快や困難に対しては、どんなことでも、最小限にするように努力します。

　パーソン・センタードなケアプラン作成の方法を使うと、一人ひとりの人のニーズに適った、トイレに行くための支援ができるようにするプロセスを通して、あなたと、あなたが全体像を把握しようとしている対象者を導いてくれるでしょう。全体像を把握しようとしているこの段階では、トイレに行くことに関する、その人の現在の排泄パターンを探る必要があります。これは困難で、ある程度の時間がかかるかもしれません。その人と話す、観察する、これまでの健康に関する記録を評価する、家族や友人のような、他の援助者と話し合うなど、いくつかの異なる方法を使う必要があるかもしれません。

　この段階での、全体像把握のために心がけることには、その人が、普段、どのくらいの頻度でトイレに行き、また、いつ、どのようにトイレに行く習慣があるのかについて探ることが、あります。例えば、ある人は、夜間には、1回か2回、日中は、各食事の後に、トイレに行って排尿する習慣があるかもしれませんが、人によっては、一日に3回排便がある人や、一週間に3回の人もいるかもしれません。これは、どちらも正常な範囲であり（Continence Foundation 2008）、あなたが全体像を把握しようとしている相手であるその人にとって何が"普通"であるかを探ることが重要なのです。

　その人が、便秘がちだったり、排便や排尿に関して、不快や苦痛が起きがちな場合に、現在用いている対応を、私が特に必要としている支援の欄に書き留めるべきです。例えば、その例としては、間に合わない時のための、汚れ防止用の下着、便通のための飲み薬、皮膚の処置のための軟膏などがあります。また、うっかりトイレに行くのを忘れないように声をかけてもらったり、促してもらう、付き添ってもらったりするニーズもあります。さらには、服を脱いで、トイレに座ったり、清潔に拭いたり、手を洗い、使用後にトイレから出る、等々、実際にその人のために役に立つ支援のニーズを書き留めます。

　さらには、便器や洗面台がその人によくわかりやすいように目印をつけたり、他と違った目立つような色を使用すること、さらには、トイレットペーパーや手すりなど、その人がトイレを使う時に必ず使う物を含め、視覚的に

はっきりわかるような手がかりや、あるいは、トイレを見つけるために役立つようなニーズも、書き留めなければなりません。

例えば、比較的自立度の高い人の全体像把握の欄には、"ヤングさんは、トイレを介助なしに使うことができる。日中は、1階にある彼が使いやすいように改造されたトイレを使うが、夜間は、自室にポータブルトイレが必要である"と書きます。私が特に必要としている支援の欄には、彼が日中に使う共用トイレでは、便座を高くしたものと手すりが必要であり、夜間には、自室にポータブルトイレが必要であることを書けばよいでしょう。あなたかヤングさんが、専門家のアセスメントを受けることが役に立つと思っているのでなければ、専門家のアセスメントの欄をチェックする必要はありません。

より複合的で、込み入ったニーズがある人の場合は、全体像把握の欄には、"メーリーは、移動するのが困難で、時々、場所がわからなくなる。介助なしに、トイレを使うことはできない"と、記入するとよいでしょう。私が特に必要としている支援の欄には、"メーリーは、三度の食事の前には、トイレに行きたいかどうかを確認してもらう必要があり、彼女が行きたい時には、誰かに付き添ってもらう必要がある。メーリーは、いったんトイレまで、連れて行ってもらえば、自分で上手にトイレができるが、トイレから戻るために手助けが必要である。夜間には、メーリーは、ベッドに入る前に、トイレに行くことを忘れないように思い出させてもらう必要があり、明かりは消さずにしておき、トイレのドアは、開けておくこと"と、書き入れるとよいでしょう。

あなたが全体像を把握しようとしている人が、現在、トイレを使用する際に苦痛や不快を感じている場合には、原因や可能な解決策が見つかるように、アセスメントを受けることをケアプランの優先課題とします。このような場合、全体像把握のための欄には、"ジョンは、日中も、夜間も、自分では上手にトイレを使うことができないようであり、そのために、彼は、苦痛と不快にさいなまれている。彼は、自分の衣服が濡れたり、汚れたりすると、動揺するが、汚れ防止用のパッドを着けたがらない"などと書き入れるとよいでしょう。私が特に必要としている支援の欄には、"未確認"と書き、もしできれば、ジョンの同意を得て、専門家のアセスメントの欄に、必ずチェックを入れます。

口頭でも、文書でも、その人が、"失禁する"と表現したり、決めつけるこ

とは、医学的に身体疾患（膀胱の病気など）による失禁だと診断されていない限り避けることが、よい実践です。たとえ、そのように診断されたとしても、必要かつ適切な場合を除いては、そのような表現は用いないほうがよいでしょう。失禁とは、"尿や、大便が排泄されるにあたってのコントロールを失うこと"という意味があり、認知症をもつ人が、トイレを使う時に感じている苦痛や不快の多くの理由の中の一つに過ぎないかもしれません。困難は、十分に適していない環境（例えば、目印がわかりにくい、トイレが見える場所にない、便座が高過ぎたり、低過ぎる、など）から生じたり、認知的、あるいは、身体的障害の結果として生じている可能性があります。

認知障害と関連する問題には次のようなものが含まれます。

トイレに行く手順を頭に思い描いたり、実際にその動作を始めたり、手順を途切れることなく続けることができない。

"今、この瞬間に生きている"その人は今のことしか考えられない可能性があり、前後のことが抜け落ちがちです。これは、実際にトイレを使う必要がある間際になってやっと、トイレのことを考えることになるので、そろそろトイレに行く準備をしようなどという、前もっての行動が考えられないことを意味しています。その人の身体の動きに支障があったり、トイレをすぐに見つけられない、など、他にも障害がある場合には、それらのために、トイレに間に合わないのも、もっともなことです。

トイレを使う手順を一通り完全にやり終えることができない。

例えば、このような困難があると、トイレを使った後に、きちんと拭いたり、汚れを落とすのを忘れ、着衣を汚すことになってしまいます。

トイレと関係のない、普通の場所やものを、トイレと関連付けてしまい、勘違いしてしまう。

これは、その人が、洗面台、食器戸棚、容器をトイレと思ってしてしまったり、トイレットペーパーの代わりに他のものを使ってしまう原因となります。

身体的障害と関連する問題には、次のようなものがあります。

身体の動きが悪くなっていたり、手足を動かせる範囲が限られていると、その人にとっては、次のようなことが困難になる。
- トイレに行くために、イスやベッドから離れること
- トイレに行くための往復距離を歩くこと
- トイレの便座に座ること、排泄をすませた後、便座から立ち上がって離れること
- トイレを使う手順の始めから終わりまで、更衣がうまくできず、服を脱いだり、着たりすることができない

膀胱を調節する筋肉の低下
　　膀胱を調節する筋肉が弱くなると、咳、いきみ、急な動作などの際、尿が漏れてしまうことがあり、これを"緊張性尿失禁"または、"腹圧性尿失禁"と呼びます。

過活動膀胱
　　これが原因で、排尿のサインが膀胱から脳に向けて発せられてもほとんど感じないことがあります。これは、"切迫"と呼ばれ、これが起きると、トイレに着くまでの十分な時間がない可能性があり、結果としてトイレまで、もたずに尿が出てしまいます。

前立腺肥大
　　前立腺肥大は、男性のみに生じるもので、膀胱の尿の流れがスムーズにいかなくなり、尿の出が悪くなる原因となります。また、"過敏性膀胱"は、頻尿の誘因ともなります。

夜間頻尿
　　夜間頻尿とは、夜間、トイレに頻回に行く必要が生じることをさします。これは、夜尿（おもらし）や、"遺尿症"※の誘因となることがあります。
　　※尿失禁または何らかの生理的異常がないのに、不随意に尿が漏れる症状のこと。

溢流性（奇異性）尿失禁

これは、その人が、常に膀胱が尿滴下を止めることができない、あるいは、尿排出後にある期間尿滴下を続けることです。

（直腸手術等で）括約筋を損傷したことによる、肛門括約筋障害

このような障害の場合は、トイレに行く必要を感じた途端に、その人を急がせることになりますが、時間が足りなくなり、間に合わないことがよく起きます。また、その人自身が気づかないうちに、大便が出てしまう原因にもなります。

下痢

下痢は、時々極度の切迫を引き起こすので、その人が、間に合うようにトイレに行くことができなくなります。

便秘

腸内の大便がある一定以上になると、ある量の大便がはがれ落ち、それが排出されることが排便であり、普通は、本人が意識しなくても自然に行われています。しかし、時に、便が硬く乾燥し出にくい状態となり、便通が少なくなることがあります。これが便秘であり、それに付随して便通痛、膨満感、不快感、だるさなどの症状を認めることがあります。また、硬い便によって、腸壁に炎症を起こすので、体液や粘液の生成を増やし、それが漏出することもあります。

神経の損傷や疾患による損傷

神経の障害や何らかの疾病により直腸に便がたまったというサインが腸から脳に向けて出されない、または、直腸に便がたまったということがすぐに認識されないと、一時我慢するなどの調節がなされず、すぐに出てしまうことがあります。

認知症をもつ人には、これらの問題が組み合わされたものがある可能性があるので、適切なアセスメントを受けることが重要です。適切な医学的アセスメントや、排泄に詳しい看護師や相談員、作業療法士、理学療法士などの

専門家、あるいは、それにとどまらず、これら専門家が連携して徹底的に集めた意見を提供すれば、その人の尊厳、健康、よい状態を、最大限にするために必要とされる助けや支援を推奨するために、徹底的な問題の評価を行うことができるはずです。

●睡眠をとる

　私たち一人ひとりが必要な睡眠時間や、いつ、どこで眠るか、また、どういう条件だとよく眠れるのか、逆に眠れないかということは、一人ひとり、非常に異なっていますが、長すぎる睡眠や、不十分な睡眠は、体調不良の徴候や原因となる可能性があります。認知症をもつ人にとって、睡眠障害はよくあることですが（Passmore 2005）、それは必ずしも病気のせいばかりとは限らないのです。心と体の健康状態の全体像を知るための文書のこの欄は、あなたと、あなたが全体像を把握しようとしている相手であるその人が、睡眠に関係する何らかの健康問題があるかどうかを探り、問題があれば、その解決策を探る助けとなるように考案されたものです。

　"オールドカルチャー"の考え方の一つに、一部のケア施設の中で高齢者を昔ながらの画一化に至らしめたものがあります。それは、就眠に関しての画一化された手順を全員に押しつけるというものです。全員が夕方の6時とか7時には、ベッドに入っているようにするために、就寝する手順を、午後の遅い時間に始めることが、ごく普通に行われていた時代がありましたが、それはそれほど昔のことではないのです。

　パーソン・センタード・ケアを実践するためには、一人ひとりの人が普段、どのように入眠に至っているかの手順が把握されていなければなりません。これは、重要なことであり、それには二つの理由があります。一つには、手順がいつもと違う時には、その原因を調べることができます。その原因というのは、その人が、何かを心配していたり、痛みを感じている、夜間に寒いと感じている、体調が悪い、うつになっている、などが考えられます。あるいは、薬剤についての見直しが必要かもしれません。もう一つは、"その人にとっての当たり前の睡眠の手順"が、"いわゆる問題な行動"として解釈されることを避けるためであり、これはとても重要なことです。高齢者が、夜間に起きることは珍しいことではなく、日中に、一度ならず複数回の昼寝を

必要とすることもよくあることです。その人が夜中に起きることが普通のことならば、その人が夜中に起きた場合にはどんなことがニーズとしてあるのかを、ケアプランを見れば明らかにわかるように詳細に書き留めるべきです。これは、人によってまちまちであることに、疑問の余地はないでしょう。例えば、ある人は、まず明かりをつけてもらって、温かい飲み物を少しずつ飲みながら、しばしの間、おしゃべりをするというニーズがあるかもしれません。また、実際に起きて歩きまわるニーズのある人がいるかもしれません。他にも、目覚めて、今何時であるか、自分はどこにいるのかについて見当がつかず、動揺している人がいるかもしれません。この人の場合には、安心させてもらい、居場所や時間を、静かにやさしく、再確認してもらうニーズがあります。同じように、日中に昼寝をする人にとっては、イスに掛けたまま眠ってしまうよりは、そのような時間になったら、昼寝をするために横になるように勧めてもらうほうが、ずっと快適で、さわやかに過ごせるでしょう。こういうことも、書き留めておくべきです。

オールドカルチャーが支配している長期療養の介護施設では、一人ひとりの人に対して柔軟に対応することがほとんどなく、高齢者の就寝時間や起床時間は、かなり画一的に考えられていました。これは、ケアの実践を不適切なものにし、夜間に目を覚ましていることを、援助者たちは"いわゆる問題な行動"とみなしがちになり、引いては、夜中じゅう、ずっと眠らせているために、薬剤の使用をはびこらせてきたのです。一部の薬剤は、ある特定のの人たちにとっては、非常に効果がありますが（Alzheimer's Society 2008）、認知症ケアでは、次のような理由で、まず、別の方法を探すことがよい実践であると考えられています。

- 睡眠剤は、すぐにその効果を失うので、同じ効果を得ようとして、投薬量をどんどん増やしがちになる。
- 睡眠剤はあまり長い間は、効かない。
- 睡眠剤は、翌日まで残ることがあるので、次の日は、だるさを感じ、かえってイライラの誘因となる。
- 就寝時に過量な鎮静剤を投与すると、その人が、目覚めてトイレに行こうとしても、できなくなり、漏らしてしまう可能性がある[※]。

※これは、よく、失禁と呼ばれるが、本当の意味での失禁ではなく、失禁と安易に呼ぶべきではない。（監訳者注）

- 鎮静剤にもかかわらず、その人が目覚めた場合には、混乱がひどくなり、不安定になりよろよろしてしまう可能性がある。
- すぐに睡眠剤に慣れてしまい、次に、依存症になる可能性がある。
- 人によっては、薬剤を常用するようになる。睡眠剤を使用している期間が長ければ長いほど、身体的にも心理的にも、依存するようになる可能性がより高くなる。
- これらの薬剤は、毎日ではなく、頓服としてたまに使うことが望ましく、定期的に主治医に見直してもらうべきである。
- 薬剤を投与する場合でも、２週間以上にわたって連用されるべきではない。

(Royal College of Psychiatrists 2008)

　パーソン・センタード・ケアでは、一人ひとりの睡眠のとり方を支援することが重視されますが、同時に、その時の睡眠のとり方が、体調不良や、よくない状態を引き起こしている可能性があれば、それを見極めて支援することができなければなりません。

　全体像把握のための欄を使って、日中と夜間の、その人独自の睡眠のパターンについて、あなたが知っていることを、なるべくたくさん書き留めるべきです。例えば、"イヴェットは、昼寝をすることは、ほとんどない。彼女は、午後10時から12時頃までに、ベッドに行き、大体、夜中に１、２度目を覚ます。そして、普通、朝の８時半か、９時くらいまで寝ている"、あるいは、"ピーターは、日中、短い昼寝を数回とっていて、たいていは、食後のことが多い。また、午後８時から午前４時まで、ぐっすり眠っているが、その後は、よく、起きてぶらぶらしている"などと書き入れます。

　私が特に必要としている支援の欄は、その人が快適に自分の睡眠のとり方を維持するために必要なことを書き留めるための欄です。例えば、この欄には、"イヴェットは、就寝時に、ちょっとしたおしゃべりをし、温かい飲み物を楽しみ、お休みなさいというために相手になってくれる人が必要である。イヴェットは、夏でも、夜に足を暖かくしておくためのベッド用のソックス

をはく必要がある。夜中に目が覚めた時には、まだ、夜だということを言ってもらい、彼女の家族みんなが元気であり、彼らがイヴェットがどこにいるかを知っていること、そして、近いうちに彼女を訪ねてくることを、教えてもらい、安心させてもらいたい。時々、介助を受けてベッドに戻る前に、温かい飲み物のおかわりをしたいことがある"、あるいは、"ピーターは、一人で布団に入ることができ、午前4時頃に目が覚めた時には、午前6時頃にまた、うつらうつら寝入るまで、自室で一人のまま、ぶらぶらしながら時間を過ごすことが好きである"などと記入するとよいでしょう。

あなたが、全体像を把握しようとしている人が、眠れないと訴えたり、または、その人が、快適に眠っていなかったり、精神的に落ち着かなくて、眠るどころではなかったり、逆に睡眠をとり過ぎていることを、あなたが観察した場合には、さらに詳細なアセスメントを考慮する必要があるかもしれません。そのような場合には、専門家のアセスメントの欄にチェックを入れて、ケアのニーズとして、これを書き入れるべきです。

睡眠障害は、心理的な問題と関係していることもあります。次にいくつか、そのような例を挙げます。

- 不安や心配
- うつ状態──このために、とても早く目が覚めてしまい、再び入眠できなくなることもあります。
- 日々の悩みを繰り返し考えてしまう。
- パートナー（配偶者、つれあい）や、その他のペットややわらかいおもちゃのような、愛着を感じている大切なものが、そばにないことに気づき寂しく思う場合など。

あるいは、次に挙げるような身体的、または、具体的な理由がある場合もあります。

- 病気、疼痛、高熱
- 睡眠時無呼吸──喉の組織が気道をふさいだり、脳が、睡眠中に20秒以上呼吸を調節しなくなるなど、呼吸が一時止まってしまうことがあります。
- 適度な運動をしていない

> ●食べ過ぎると、寝つきが悪くなることがあります。
> ●空腹のまま就寝すると、あまりに早く目覚めてしまう可能性があります。
> ●タバコ、アルコール、お茶やコーヒーのような、カフェインの入っている飲料のために寝つきが悪くなることがあります。
> ●寝室が、あまりに騒々しい、暑すぎる、寒すぎるせいかもしれません。
> ●ベッドの寝心地が悪い、あるいは、窮屈すぎる可能性もあります。

あなたや、その人自身、その人の友人や家族などが、このような側面を調べれば、何が健康な睡眠に影響を及ぼしているかどうかを探ることができるでしょう。人生歴や生活スタイルなど、その人の人生のあらゆる側面に関して得られる情報を用いることによって、睡眠やその他の健康上の問題に対する理解を深めることができます。これが、パーソン・センタードなケアプランを作成することの利点の一つなのです。

あなたや、あなたが全体像を把握しようとしている相手であるその人が、専門家からの助けを得ることがよいと考えるのであれば、その人からの同意を得たうえで、その人の一般医に関わってもらうか、あるいは、専門看護師、作業療法士、理学療法士、最寄りの睡眠クリニックと連絡をとるべきです。

心と体の健康の全体像を把握するための文書の3ページ目には、その人の、目、耳、歯と歯ぐき、心臓と呼吸器、足と皮膚の健康状態に関する情報を記録する欄が設けてあります。また、性によって異なる健康問題の欄には、それぞれに特徴的な、健康上の課題についての情報を記録する余白も設けてあります。最後に、このページの下には、疼痛と、その人の全般的な健康とよい状態に対する確認されたリスクについての情報を記録するための余白があります。

●目と視力

言うまでもなく、目を疾病から守り、健康な状態に保ち、よく見えるようにしておくことは、私たちみんなにとって重要なことです。これは、認知症をもつ人にとっては、私たち以上に、なおさら重要なことであることは、言うまでもありません。この主な理由は、視力が低下していると混乱や失見当識が悪化する可能性があるからです。認知症と共に生きる人たちには、認知

障害に加え、老化のため、視力が衰えている人も多くいるのです。これが、さらに、物を見えにくくしてしまう可能性があるので、見えるようにするために、高齢者が眼鏡をかける必要が生じてくることは、珍しいことではありません。よく見えないということそれ自体は、生命に関わるようなことではありませんが、例えば、転倒する、何かにぶつかる、あるいは、切り傷や火傷を負うなど、健康や安全のリスクがあるだけでなく、計り知れないほどの能力を奪う可能性があります。このため、70歳以上の人は、どんな人でも、目の検査を受けることが重要なのです。目の検査は、無料で、適切な資格をもった検眼士や視力矯正士によって一年に一度行われるべきです。視力矯正士は、たとえ重度の認知症をもつ人であっても、視力や目の健康を総合的に評価するための正しい技術や設備をもっており、適切な眼鏡を用意したり、その他の治療が提供されるように手配してくれます。

　また、視力矯正士は、次に挙げるような、よくある様々な目の疾患を発見して、助言してくれます。

- 緑内障──眼圧が過度に上昇することで起き、視力を低下させ、治療を行わないままにしておくと、失明することもあります。
- 白内障──眼球を構成している、水晶体が混濁することによって起き、視力の低下の原因となります。
- 網膜疾患─網膜の損傷──眼球の後部内側面を覆う薄い組織で、脳に光のシグナルを送っています。老化や、糖尿病で、網膜疾患のリスクを高めます。
- 角膜疾患や異常──角膜は、眼球の前の部分にある透明な、ドーム状の"窓"です。この部位の疾病によって、目が赤くなる、涙分泌が過剰になる、痛み、視力低下、光がまぶしく見えるハロー（光輪）効果像の原因となる可能性があります。
- 飛蚊症──通常、照明の明るい部屋や、明るい日中の屋外で、目の前を、小さな"虫"や、"クモの糸"のようなものが、横切って漂っているように見えるものです。飛蚊症は、場合によっては網膜剥離のような、より重大な目の病気の徴候の可能性がありますが、通常の老化の一部である可能性もあります。
- 過度な涙分泌は、光や風や温度変化に目が敏感なことが原因である可能性があります。例えば、サングラスをかけるなどによって、目を守ると問題

> が解決できる可能性があります。場合によっては、涙分泌は、涙管の感染症や閉塞のようなより重大な目の疾患のサインであることがあります。
> ●ドライアイ（乾性角結膜炎）は、涙腺がうまく機能せず、涙がうまく出ないことによって生じます。目のかゆみ、ほてり、かすみなどで視力が低下する原因となります。
> ●眼瞼の疾患は、様々な病気や異常から生じる可能性があります。よくある眼瞼の異常には、赤くなって腫れたり、かゆくなったり、涙が出たり、光に敏感になったり、睡眠中に睫毛が目やにでくっついて固まってしまうことなどがあります。

　視力の低下が原因で起きる視覚障害やその他の異常は、よい視力矯正士の管理の下で、うまく調整できる可能性があります。
　しかし、認知症をもつ人の視覚障害の原因が、今まで説明してきたもの以外にある可能性もあります。つまり、脳の皮質に損傷があるかもしれません。大脳皮質は、目によって伝達される像を処理します。視力の低下は、眼鏡によって改善される可能性がありますが、視覚的処理の低下は、改善されません。この段階で、心と体の健康の全体像把握のための文書で、最初に尋ねるべきことは、その人が、最後に検眼をしたのはいつだったかということです。この情報を得るためには、例えば、既往歴を調べてみたり、家族の人たちや、以前の援助者たちと連絡をとり、調べる必要があるかもしれません。この文書には、この最後の検眼の日付を書く欄があります。もしこの日付が不明で、あなたと、あなたが全体像を把握しようとしている相手の人が、いつ検眼を受けたかがわからない場合には、日付の欄に"不明"と書き入れ、"私は専門家のアセスメントを希望します"という欄に、チェックを入れ、なるべく早く検眼の手配をしてください。
　あなたが責任をもってケアを引き受けている人が、最近検眼を受けていて、例えば、眼鏡をかけるようにという、視力矯正士に勧められたことはすべて行なっているにもかかわらず、まだ視覚障害がある場合には、認知能力の全体像把握のための文書を作成する時に大脳皮質の損傷の可能性についても、さらに調べたほうがよいかもしれません。"目と視力"の項では、全体像把握のための欄を使って、その人の目、眼瞼、視力に関連してあなたが集めたす

べての情報を書き留めてください。ここには、認知症をもつ人が自分の目について語ったことを書き入れてください。しかしその他に、あなたが観察したことについてどんなことでも、話し合い、書き留めることも必要です。同様に、その人の目に関連する疾病の既往歴について調べ、情報を見つける必要があるかもしれません。例えば、"イヴェットは、6カ月前に白内障の手術を受け、順調に回復した。彼女は、近眼で、日中の明るい光や、太陽の光の中では頭痛になりやすい"というようなことです。その人が、サングラスや点眼薬など、何か目のためになるものを使っているなら、そういうものについても、私が特に必要としている支援の欄に書き留めるべきです。例えば、"イヴェットは、何かを読むために眼鏡が必要で、眼鏡を探して、かけるように思い出させてもらう必要がある。屋外に出る時には、サングラスをかける必要がある"と、書くとよいでしょう。

　過去一年間に、その人が目の検査を受けていない場合、あるいは、視覚に関する不快な経験や異常な経験をしていたり、目や眼瞼に不快感や痛みがある、最近、ますます物が見えにくくなっていると訴えている場合には、これらのことも、私が特に必要としている支援の欄に書き留め、"専門家のアセスメント"の欄に、チェックを入れ、なるべく早く目の検査を手配すべきです。その人の心と体の健康の全体像を把握するための文書を作成した結果、あなたが、即時に対処する必要があるこのようなニーズが明らかになった場合は、どんなものでも、ケアプランの中に詳しく書く必要があります。

●耳と聴力

　その人の耳を病気や障害から守り、聴力が確実に最適な状態に維持されるようにすることは、非常に重要です。その理由は、耳に問題があると、非常に不快である可能性があり、よく聞こえないとコミュニケーションをとることが難しくなるからです。難聴が原因で、コミュニケーションが不足していたり、コミュニケーションをとらなくなると、認知症をもっている人はどんな人でも、物理的、社会的に孤立する危険にさらされます。また、認知症をもつ人たちは、警報やサイレンの音が聞こえないかもしれないので、普通、事故に遭うよりも、もっと大きな危険にさらされている可能性があります。オールドカルチャーに支配された環境の中では、難聴が原因でもたらされる、

さらなる障害を、安易に見過ごしたり、過小評価してきました。ケアが進化しているはずの今日の社会になっても、混乱していて見当識も失っているような認知症の人が、コミュニケーションがよくとれないのは、どうせ老化の一部だし、わざわざ気にするには値しないという、"オールドカルチャー"にどっぷりつかった態度に、今でも出くわすことがあるかもしれません。真のパーソン・センタード・ケアでは、認知症をもつ人は、そうでない人とまったく等しく、聴覚検査や治療を受ける権利をもつ人として、その人の価値が、認められています。コミュニケーションをとる能力は、人間社会を生きるために、不可欠なものです。技術の進歩によって、難聴の人々が他の人たちの話を不自由なく聞いたり、話したりするのに、助けとなる、装置、器具、その他の手段が、爆発的に増えてきました。

　難聴の最も一般的な原因は老化で、耳の不自由な人たちの４人のうち３人は、60歳以上です。しかし、この分野の調査によると、聴力の低下は非常に一般的なことであるにもかかわらず、支給されてしかるべき補聴器が、英国の高齢者の間では、不十分であることが、明らかにされています。さらに、少々残念なことには、この研究によると、人との交流の障害となる聴力の低下は、補聴器が使われている場合でさえ、よく起きていることが明らかにされています（Smeeth et al. 2001）。

　難聴（聴覚障害）には様々なレベルがあります。軽度、中等度、重度、最重度というレベルがあります。軽度の難聴の人たちは、とりわけ騒々しい環境の中では、自分に言われていることを理解するために、非常に大きな努力をしなければならない可能性があります。中等度の難聴の人は、自分に話しかけられていることを理解するためには、ほぼ確実に補聴器が必要でしょう。重度の難聴と評価された人は、おそらく、補聴器を付けていても、相手の唇の動きで話している内容を察する技能（読唇）が必要になることでしょう。英国の手話（BSL：British Sign Language）は、英国の重度難聴者の、第一言語、あるいは、優先言語となる可能性があります。最重度の難聴と評価された人たちは、読唇によってのみ、話される言語を理解することができます。重度難聴者と同様に、英国では、BSLが第一言語、あるいは、優先言語となる可能性があります。

　聴覚系が健全に機能するためには、耳を清潔かつ健康に保つ必要があります。なぜならば、私たちの耳の外側の部分（外耳）は、トランペットのよう

な働きをして、音を集めるからです。耳の内側（内耳）には、蝸牛として知られる器官があります。これも秩序正しい働きをしていなければなりません。なぜならば、これが音の機械的な振動を電気的シグナルに変換する機能を担っているからです。このシグナルは、脳によって検知されます。

聴覚システムのどんな部分にでも、閉塞や損傷をこうむると、難聴が起きます。原因としては、耳垢による外耳道の閉塞や、蝸牛の感覚細胞の老化に伴う変化から、脳の障害や損傷によるものまで、様々な可能性があります。高齢者がある程度の難聴があり、さらに認知症があることがわかっている場合には、年に一度の聴覚検査を勧めるべきです。心と体の健康の全体像把握のための書式には、最後に聴覚検査をしたことがわかっている日付を記録する欄があります。もしその日付が不明の場合には、あなたが、その人の同意を得て、"専門家のアセスメント"の欄にチェックを入れ、聴覚検査を手配すべきです。

私たちが年をとるにつれ、当然、耳が遠くなってきたことに気づき始めます。なぜそうなるかというと、耳から脳へ音を伝達する神経の機能が次第に衰えてしまうからなのですが、神経は取り替えることができないからです。高齢期の難聴は、普通は徐々に起き、多くの場合、高音が聞こえにくくなることから始まります。資格をもった聴覚に関する専門家であれば、聴力の検査をして、難聴が認められたら、補正するために適切なタイプの補聴器を勧めてくれるでしょう。

難聴の原因を見つけるためには、その他の原因を調べる検査も必要になる場合があります。その場合は、まず、一般医に可能な範囲で詳しく診てもらい、必要があれば、より精密な検査をすることができる病院の耳鼻咽喉科専門医を紹介してもらうことになります。

難聴の最も一般的な原因には、次のようなものがあります。

耳垢

これは、外耳道に分泌される黄色みがかった、ロウのような物質です。耳を清浄し、潤滑剤を差すことが非常に重要ですが、それだけではなく、バクテリア、真菌、虫などからも守ることが重要です。しかし、あまりに大量の耳垢が溜まり、耳の中にぎっしり詰まってしまった場合には、これが難聴の

原因となることもあります。

中耳炎
　これは、年齢に関係なく発症し、多くの場合、風邪をひくと、中耳の空間に粘液が溜まります。粘液が、その後、バクテリアやウイルスに感染することがあり、そうなると、耳が痛くなり、不快を感じるようになります。

中耳炎による粘液性の耳垢が耳を閉鎖すること（にかわ耳）
　これは、中耳に、にかわ状の粘液が溜まる症状です。小児によく起きる問題ですが、年齢に関係なく起き得ます。

異物による閉塞
　これは、本来そこにないものが、耳たぶや外耳道を閉塞していることをさします。すぐに医療による手当てを行わないと、さらに深刻な状況になる可能性があります。普通、耳たぶで問題になる異物はイヤリングであり、それによって、耳たぶが感染を起こしてベタベタになったり、ピアスを差し込む時に、深く刺しすぎてしまい、耳たぶを傷つけてしまうことがあります。外耳道に入ってしまう異物には、食べ物、昆虫、ボタンやビーズ、薄くて軽い布やティッシュペーパーの切れ端などの、どこにでもある細かいものがあります。

老人性難聴
　これは、高齢者の難聴に関する医学用語で、耳の神経細胞の機能退化が原因で起きます。難聴は、徐々に起き、数年かかって進行します。

薬剤の副作用
　これには、通常、薬剤の投与を中止すると、改善するものもあります。症状としては、不快な音や、耳鳴り、耳の中に圧迫感があったり、めまいを感じる時があります。めまいには、吐き気を伴う場合と、伴わない場合があります。薬剤を服薬している間に、難聴が起きたら、その薬剤が、何らかの難聴の原因となっている可能性があります。副作用として難聴の原因となる可能性がある薬剤には、アスピリン、アスピリンを含有している製品、非ステロイド性の抗炎症剤、静脈内注射によって投与される抗生物質などがあります。

聴神経腫

　これは、まれに、聴神経にできる良性の脳腫瘍で、聴力と平衡感覚に影響を及ぼします。片方の耳の聴覚が侵されることが圧倒的に多く、耳鳴り、ふらふらするめまい、顔面の麻痺、チクチクする感じの痛み、頭痛、一時的な視覚障害、耳痛などの症状を認めます。

メニエール病

　これは、まれな進行性の疾患で、内耳に水が溜まり、平衡感覚と聴覚の両方に影響を与えます。症状としては、回転性のめまいが起き、それが、めまい、吐き気、嘔吐、動悸、異常な発汗などをもたらします。また、耳鳴りがし、耳や頭の中で音が響鳴する原因となります。難聴にもなります。

　聴覚検査の結果、その人が正常な聴力をもっていないと判明した場合には、その原因を明らかにするために、他の検査も実施したほうがよいでしょう。担当医師が、耳以外の検査を行うかもしれません。その後、病院の耳鼻咽喉科での、より詳しい検査のために、専門医を紹介されることがあるでしょう。これらの原因のために起きている難聴は、クリニックの優れた看護師や一般医の医療の下で適切に管理されることが可能です。

　しかし、認知症をもつ人の難聴の原因は、他にもあるかもしれません。すなわち、その人の大脳の皮質にある損傷が原因かもしれません。脳の皮質は、耳から伝えられる音を処理します。それゆえ、低下した聴力は、補聴器によって補正することができるかもしれませんが、低下した聴覚処理能力は補正されません。このことについては、第6章で、さらに詳しく説明します。心と体の健康の全体像を把握するための書式について、この段階で、まず最初に尋ねるべきことは、その人が最後に聴覚検査を受けたのはいつかということです。この情報は、例えば、以前の疾病の既往歴を調べるなどして、どこか他のところから取得する必要があるかもしれません。あるいは、あなたから、家族の人たちや、以前の援助者たちに連絡して調べなければならないかもしれません。この書式には、聴覚検査を最後に受けた日付を記入する欄があります。この日付を特定することができず、単純に、あなたと、あなたが全体像を把握しようとしている人にはわからない場合には、日付の欄に"不明"

と書き入れ、"私は専門家のアセスメントを希望します"という欄にチェックを入れて、なるべく早く聴覚検査を手配してください。

あなたが責任をもってケアを引き受けている人が、最近、聴覚検査を受け、例えば、補聴器を付けることなど、関わっている聴覚の専門家や他の専門家たちに勧められたことをすべて行なっているのに、それでも難聴がある場合には、認知能力の全体像を把握するための書式の使用に関する7章に至った時に、この問題について、さらに詳しく探ることができるでしょう。

"耳と聴力"の欄では、全体像を把握するための欄を使って、その人の耳と聴力に関連してあなたが探ることができた情報をすべて書き留めてください。ここには、認知症をもつ人がこのことについて言っていることを含めるべきですが、同時に、あなたが観察してきたことについてどんなことでも話し合い、書き留める必要があります。その他にも、その人の耳と聴力に関連する病歴を調べ明らかにする必要もあるでしょう。例えば、"ジェイムズは、3カ月前に耳の炎症の治療を受け、回復してよくなった。しかし、左耳がよく聞こえない。両耳の耳垢が溜まりやすい"などと、記入することができます。

その人の耳の治療のための処方薬が出されていたり、補聴器のような聴力補正のためのものを使っている場合には、私が特に必要としている支援の欄に、これを書き留めるべきです。例えば、"ジェイムズは補聴器を持っているが、つけることを嫌がる。つけるように思い出させたり、勧める必要がある。周囲の人がジェイムズに話しかける時は（左耳がよく聞こえないので）右の耳に話す必要がある"と、書き留めます。あなたもジェイムズも、さらに専門的なコミュニケーションをとるための補助器具やテクニックについて知ることがよい考えだと思うなら、"私は専門家によるアセスメントを希望します"という欄にチェックを入れ、言語聴覚士や作業療法士に紹介すべきです。

その人が、過去一年間、聴覚検査を受けていない場合には、検査を実施可能な地域の専門家に紹介すべきです。または、耳に関する異常感や、不快感があったり、ブンブンという低い音の耳鳴りや、音が鳴り響くような大きな耳鳴りがしていたり、めまいや平衡感覚の消失、激しい耳の痛みや、24時間以上続いている耳の痛み、液体や血液が耳からでてくるなどの症状を、その人が経験している場合には、その人の主治医に相談すべきです。

●歯と歯ぐき

　口腔（口の中）が、健康で病気などなく、よい状態に保たれていると、その人にとって非常によい影響を与え、全般的な健康状態のみならず、尊厳や自尊心、周囲との調和や全般的な栄養摂取を促進することにつながります（Fiske et al. 2006）。口腔の健康状態がよくないと、痛みや歯の損失の原因となり、この両方とも、生活を楽しむこと、コミュニケーションをとること、そして食べることを困難にします。歯肉の病気は、成人では非常によく起きることで、治療をしないままにしておくと、虫歯になる可能性があります。大半の人々は、歯科医の手を借りながら、生涯を通して、なんとかうまく、自分の歯ぐきや歯の手入れを続け、たとえ、全部が自分の歯ではなくても、ほとんどの歯を維持することができます。自分の歯がなくなってしまった人たちは、義歯を入れますが、それを清潔に保ち、歯ぐきの手入れをする必要があります。認知症をもつ人は、自分の歯があるにしても、義歯をつけるにしても、歯ぐきの病気からくる痛みや不快感、虫歯や、その結果として起きる苦痛や混乱の悪化を避けるために、口腔のよい健康状態を維持するうえで支援を必要とする可能性があります。

　知っていると役に立つ、歯の病気の主なものを2種類、以下に説明します。

> ●歯ぐきや歯周の病気は、歯ぐきの出血や炎症の原因となります。その他の症状には、歯ぐきが下がって歯の根元が露出し、しみたり、歯のぐらつきや、口臭などがあります。この原因は、歯垢の沈着ですが、定期的に歯のそうじをすることによって、著しく減らすことができます。
> ●虫歯（う蝕）は、甘い食べ物の糖が歯垢に付着し、酸性物質を生じさせ歯を腐食させることによって起きます。一方、歯垢を根気よく定期的にそうじをし、甘い食べ物を食べないようにすると、虫歯になるリスクは低くなります。

　あなたが全体像を把握しようとしている人が、地元の歯科医による歯の検診を、定期的に受けることができない場合には、地域や、地元のかかりつけ歯科医院と呼ばれる、プライマリー歯科サービスに、紹介することもできます。このサービスの中に、障害をもつ人たちや、複合的な医療疾患をもつ人

たちに対する、歯科診療を提供できる歯科医師がいるはずです。あなたの地域のプライマリー歯科サービス一覧表の中（英国のみ）から、有料で利用できる歯科サービスの詳細に関する情報を得ることができます。

　心と体の健康に関する全体像把握のための書式の、この欄には、現在満たされていない、歯や歯ぐきに対するどんなニーズでも、すぐに治療すべき必要があるものを書き留めます。あなたが全体像を把握しようとしている対象者には、口の中に痛みや、不快を感じていないかどうかを尋ねるべきです。また、その人を、ある期間にわたって観察する必要があるかもしれません。歯や歯ぐきの問題がある場合、次のような様子が見られるかもしれません。

- 食事を嫌がったり、摂らなかったりする（特に、固いものや、冷たいもの）
- 頻繁に、顔や口を引っ張る
- 以前に使っていた義歯を口に入れず、置いたままにして使わない
- 非常に落ち着きがなくなり、うめき声を出したり、大声で叫ぶ
- 睡眠が乱れる
- 日常の活動に参加することを拒否する
- 攻撃的な行動

　その人が、口腔内に苦痛や、不快感があると訴えている場合、あるいは、上記のような様子が見られる場合には、歯科医への紹介が必要となるかもしれません。全体像把握のための書式の欄には、その人が言っていることや、あなたが観察してきたことを書き留めてください。例えば、"ジェイムズは、歯が痛いので、最近は食べ物を控えている、と言っていた"などと書き入れます。また、専門家のアセスメントの欄にチェックを入れ、その後、まず最初に、その人からの同意を得て、看護師に見てもらう手配をし、その後どのような行動計画をとるかを決めることができます。

　いずれにしても、その人が最後に歯科の検診を受けたのはいつだったかを、調べてみることは、大切なことです。この書式には、この日付を書く余白が設けてあります。もし調べてもこの情報が得られない場合、また、あなたも、あなたが全体像を把握しようとしている相手であるその人も、その日付がわからない場合には、あなたが、日付の欄に"不明"と記入して、"私は専門家のアセスメントを希望します"の欄にチェックを入れ、なるべく速やかに、

歯科の検診の手配をしてください。

　あなたが責任をもってケアを引き受けている人が、最近、歯科の検診を受けている場合には、これも、全体像把握のための書式の私が特に必要としている支援の欄に、義歯、口腔内洗浄剤などの詳細を書き留めるべきです。この書式の欄を使って、その人が、現在どのように自分の歯や歯ぐきの手入れをしているかについて探った情報をすべて書き入れ、歯や歯ぐきの手入れをするために、その人が現在受けている支援を記入してください。例えば、全体像把握の欄には、"ジェイムズは、一日に一回、朝食後に歯を磨く"と書き、私が特に必要としている支援の欄には、"ジェイムズは、歯磨き粉をつけた歯ブラシを渡してもらって、ちょっとした言葉で促してもらう必要がある"などと書くとよいでしょう。

　現在、その人が特に必要としている支援はどんなものでも、その人の歯や歯ぐきの全体像を把握する努力の結果、明らかになったあなたが直ちにとるべき他の行動と合わせて、その人のパーソン・センタードなケアプランに、詳しく書き留めておくべきです。

●心臓と肺

　心臓や肺の疾病に罹患するリスクは、加齢と共に増加します。あなたが全体像を把握しようとしている人は、現在患っている疾患に対処したり、別の新たな疾患や、患いつつある疾患を確認して対処するために、あなたの支援を必要としている可能性があります。心と体の健康に関する書式のこの部分を使って、この両方の問題を探ってみてください。呼吸困難や循環不良は、心臓や肺の基礎疾患の徴候である可能性があります。

・呼吸困難

　一般的な呼吸困難には、息切れ、胸部の不快感、喘鳴、咳などが含まれます。このようなことは、どんな年齢であっても経験することです。しかし、よくあることとはいえ、単なる老化のせいだとして、見過ごされるべきではありません。肺炎、狭心症、冠動脈性心疾患、心不全、脳神経障害（脳卒中など）、がんなどの基礎疾患がある可能性があります。

　呼吸困難は、場合によっては、副鼻腔疾患、感冒、貧血症、ぜんそく、ア

レルギーなどとも関連しています。また、過度の肥満も、呼吸困難を増強させる傾向があります。

　認知症をもつ人は、次のような点で、あなたの支援を必要としている可能性があります。

> ●呼吸困難に気づいてもらい、医師に連絡してもらうこと
> ●呼吸困難に関して、現在行われている所定の治療が続けられ、薬剤を適切に投与してもらうこと

　心と体の健康の全体像把握のための書式のこの欄には、呼吸に関して、新たに気づかれたり、報告される、その人が経験している不快感や苦痛について、また、治療が必要であると判明している疾病について、書き留めてください。新たに気づかれたり、報告される問題に含まれるものには、運動をしている時、歩いている時、さらには、じっとしている時にも起きる突然の胸痛や胸部の苦悶感、首の痛み、喉や腕の痛み、息ができない感じ、浅く早い努力性の呼吸や、息切れなどがあります。これらの中のどんなものについても、直ちに、医師の診察を求めるべきです。注意すべき他の変化に含まれるものには、長引く咳があります。その人が、咳をした際、出血を認めたり、痰の色がおかしい場合、あるいは、散歩のような活動の間に息切れがしたりする場合にも、医師に相談して、助言を求めるべきです。

　すでにわかっている疾病や現在受けている治療についても、この欄に記録してください。例えば、このようなものには、慢性閉塞性肺疾患（COPD）、肺気腫、慢性気管支炎、ぜんそくなど、すでに診断がなされている疾病で、継続的な治療を要するものがあります。これらの疾病の治療には、酸素ボンベ、気道に直接作用する薬剤が入っている小さなスプレー缶タイプの吸入器や気管支拡張器や、経口で飲み込む薬剤などの使用が必要になるかもしれません。これらを使用したり、飲む時には、使用説明書に従うことが、非常に重要です。あなたが全体像を把握しようとしている人が、あなたの支援を必要としていて、あなたが、機器の使い方や薬剤の飲み方について、その人を支援するための適切な方法がよくわからない時は、正看護師や医師に教えてもらうべきです。

- **循環不全**

　血液の循環が悪くなるリスクは、加齢と共に高くなり、重大な基礎疾患が原因である可能性があります。また、循環不全は、治療を受けないままにしておくと、生命維持に不可欠な器官、四肢、足の指（つま先）や手の指のような身体の末梢部分が障害を受ける原因ともなります。あなたが全体像を把握しようとしている人には、循環不全の既往がある可能性や、これから循環不全を起こす可能性があり、あなたは、潜在的な問題を認識し報告するという重要な役割を果たすことができるのです。

　循環不全の徴候には、次のようなものがあります。

> ●手足の冷感
> ●白蝋病※
> ※末梢の血行不良のために、指がまるで白いロウのようになる状態。（監訳者注）
> ●身体の部位が痛みに過敏である
> ●身体の部位の青みがかった変色
> ●歩行中の痛み、うずき
> ●手、腕、足（足首から先）、下肢のむくみ（浮腫）
> ●急に立ち上がる時にめまいがする
> ●身体の部位のしびれ、麻痺
> ●偏頭痛
> ●耳鳴り、難聴

　血液循環が悪くなっている人たちの中には、手足の冷えを訴える人たちがいます。手足の指先の色が蒼白だったり、青紫っぽかったりしていることに気づいた場合は、基礎疾患として循環不全がある可能性があります。健康に関する全体像の把握を進めている間に、これらの症状のどれか一つでも観察、報告された場合には、医師に相談をして、重大な病気でないか、調べてもらったり、あるいは、必要であれば、治療を受けたり、それ以上、健康状態を悪化させないようにすべきです。
　呼吸困難や循環器系の疾病は、その人に強い恐怖心を抱かせ、十分に活動に関わることを妨げその人の能力によくない影響を及ぼす可能性があります。

疾病の本質の全体像を把握することは、あなたが、その人のニーズや能力を、より確実に把握する助けとなり、それによって、その人のニーズに適ったケアを、提供することができるでしょう。

"心臓と肺"の全体像の欄には、明らかになったり観察されたりした、呼吸困難や循環不全や疾病は、どんなものでも、書き留めるべきです。例えば、"イヴェットは、ほんの少しでも歩くと息切れがする。これは、2年前に彼女の主治医によって診断されたぜんそくのためであると、私たちは考えている。しかし、彼女の咳はしつこく続いていて、これは今まで見られなかった症状である"などと、書き留めることができます。私が特に必要としている支援の欄には、その人の健康状態を管理し、安全とよい状態を保つために、その人が必要とすることに関する情報を記入します。例えば、"イヴェットは、ほこりっぽい部屋と猫との接触を避ける必要がある。また、彼女は、吸入器具も人の手を借りずに一人で使えている。彼女は、吸入器具を常にハンドバッグに入れて、必ず携行しなければならないので、それを確認するために支援が必要である"などと、書き入れます。

医学的なアセスメントを受けていない、呼吸困難や、循環器系の疾病はどのようなものでも、主治医への受診が必要であり、専門家によるアセスメント欄にチェックを入れるべきです。先に挙げた例では、イヴェットの咳は、今まで見られなかった症状であり、彼女の主治医によるアセスメントを受ける必要があるので、この欄にチェックを入れることになるでしょう。それによって、このようなニーズは、その人のパーソン・センタードなケアプランの一部として引き継がれ、緊急を要することとして、できる限り早急に対応され、彼女の健康についてのニーズが、満たされることになるでしょう。

●足

健康な足は、心身を活発に保ち、移動する能力を維持し、社会との関わりを維持するために不可欠であり、認知症をもつ人にとっては、とりわけ重要です。足に関する問題は、遺伝の問題や、糖尿病や慢性関節リウマチのような、その他の病気の副次的作用として生じている可能性や、さらには、きちんと合っていない靴を履いていることが原因で、中年になって現れることもあります（The Disability Foundation 2006）。

この欄に書き留めることについては、足の問題について、これまでに対処されてきたこと、これまで対処されてこなかったこと、それらが今、どう管理されているか、さらに、その人が自分の足を健康に保つためにしていることや、する必要があることを、あなたが探り出し、記録する必要があります。耳、目、歯と歯ぐきの健康の全体像を把握する努力をした時のように、最初にすることは、その人が、何らかの痛みや不快感を経験しているかどうかを、明らかにすることです。認知症をもつ人たちの中には、痛みについて、話したり、思い出したり、痛むところを示すことが、難しくなっている人がいるので、いずれにしても、今ここで起きていることに着目するということを、お勧めします。耳や、目や、歯と歯ぐきとは違い、足は、簡単に見て調べることができます。

　まず、その人に足を見てよいかを尋ね、差し支えなければ、靴と靴下を脱いでもらい、それから、足の具合はどうかについて聞いてみるとよいでしょう。その人と一緒に、次のことについて調べることができます。

●靴、靴下、ストッキング、タイツ、室内履きなどは、履き心地がよく、よく足に合っているかどうか。この欄には、その人の足のサイズも含めて、書き留めておくと役に立つでしょう。
●両足共に、清潔で、ジュクジュク（湿潤）していないか？
●足の爪が長すぎたり、皮膚に食い込んで、巻き爪になっていたり、膿んで（化膿して）いないか？
●診察を要する、魚の目（たこ）や、腫瘍、しみ、あざ、ほくろがないか？
●むくみ（浮腫）や、痛み、皮膚の色の変わったところがないか？

　その人の足が、見た感じどうであるか、どんなことに気づいたかを、全体像を把握するための欄に書き留め、もし問題があるとあなたが考えるなら、専門家のアセスメントの欄にチェックを入れるべきです。その人が、すでに、一般医や足の治療に関する専門医による診察を受けているなら、そのことも書き入れてください。そして、私が特に必要としている支援の欄には、その人が自分の足を健康に保つために、現在受けている治療や、その人に必要な特別な支援のどんなことでも、書き入れてください。

　自宅や、長期療養型のケア施設に暮らしている、多くの高齢者たちにとっ

て、足の疾病を検査し、発見し、治療するためのトレーニングを受けた足の治療に関する専門医の診察を定期的に受けることは大切なことです。また、彼らは、足の手入れについて様々なことを教えてくれます。何らかの理由で、自分の足の手入れをすることができない人、あるいは、慢性関節リウマチ、身体の動きや視力に問題のある人、あるいは、自分の足に手が届かない人や、自分の足が見えない人は誰でも、足の治療の専門医の診察を受けるべきです。

改善可能な一般的な問題には、魚の目、たこ、いぼ、水虫（容易に感染する真菌性感染ですが、抗白癬菌剤の塗布で治療することができる）、皮膚の硬化、爪や皮膚の病気、不適切な足指の爪切り、足の陥入爪などがあります (Society of Chiropodists and Podiatrists 2008)。

●皮膚

認知症をもつ人が、高齢で、活動性が低下していたり、脱水があったり、寝たきりや、車いす状態だったり、栄養不良だったりする場合には、皮膚の問題が起きるリスクがより大きくなります。皮膚が不健康だと、非常に不快であり、痛みさえ伴うことがあり、さらには、より重大な身体の病気の誘因や、徴候である可能性があります。

全体像を把握するためのプロセスのこの部分では、あなたが全体像を把握しようとしている人が、皮膚に関係するニーズで満たされていないものがあるかどうかを明らかにし、また、その人にとって、皮膚を健康に保つために今、その人が決まって行なっている特別の治療や対応などは、どんなことかを明らかにする必要があります。そこで、最初の質問としては、今のその人の皮膚の健康状態について尋ねることになるでしょう。このことについて、あなたが直接その人と話すべきですが、その人と一緒にその人の皮膚を見たり、看護師や医師のように誰か適切な人に診てもらえるように手配すべきです。以前に発病したことのある皮膚の病気について知ることも重要なことです。この病気について、その人が、あなたに伝えることができるかもしれませんが、できない場合には、その人の家族に聞いたり、カルテを調べてもよいかどうかについて、その人に尋ね、了解を得るべきです。

高齢者の皮膚の病気には、次のようなものがあります。

- ほくろ、あざ

    ほくろやあざは、生まれた時からあるものと、思春期や成人期になって出てくるものがあり、また、日に当たる時間が多かった高齢者によく見られるものもあります。高齢になってできたほくろやあざ、あるいは、脂漏性角化症は、皮膚から隆起し、辺縁は、境界不明瞭で、色は様々です。ほくろやあざのほとんどのものは無害ですが、一部は皮膚がんになることがあるので、定期的に調べて、大きさや形に変化がないか、出血がないか、滲出物や血液が出ていないか、あるいは、赤くなっていないか、かゆみがないかを確認すべきです。

- 色素変化

    これは、褐色の斑点や、そばかすで、普通は無害です。色が濃くなったり、大きくなったり、表面が堅くなったりした場合は、注意しなければなりません。

- 紫斑病

    高齢者の皮膚や血管に起きる変化が原因で、老人性紫斑病と言われる、あざができることがあり、普通の場合は腕にできます。これらのあざは、消えるまでにかなり長い間かかりますが、多くの場合、特別な心配はいりません。

- 疥癬

    疥癬は、人から人へと伝染するため、集団生活においては、憂慮すべき事態になり得ます。疥癬は、肉眼では見えないくらい微少で顕微鏡でしか見えない大きさのダニが身体に入り込むことによって起きます。乾燥肌やひび荒れした肌の人は、ダニが寄生しやすく、より大きなリスクにさらされています。疥癬は、特に夜間に、強いかゆみを起こす原因となり、吹出物の発疹のように見えます。この発疹は、手首、肘、膝、陰茎、胸部、肩甲骨の部分の、皮膚のしわに生じる可能性がより高く、治療しないでおくと、その人が、ひどくかいてしまい、かきむしって、痛みがひどくなったり、感染を起こしてしまう可能性があります。

- 下腿潰瘍

    下腿の潰瘍は、高血圧や循環不良を抱えている高齢者に起きることがあり

ます。潰瘍は、下腿の腫脹（腫れ）を引き起こし、皮膚の色は、蒼白になるか、赤みがかった茶色になります。この潰瘍は、とてもひどい痛みを伴うことがあり、可動性の低下や、睡眠障害の原因となり、引いては、意欲低下を引き起こす可能性があります。

- **床ずれ（褥創）**

　寝たきりや車いすにずっと座って過ごす人たちは、ある部分の皮膚への圧力がずっとかかっているので、皮膚が損傷してしまう床ずれに最もかかりやすい人たちです。現在では、床ずれの予防や、症状を緩和したり、床ずれになるリスクを大きく低減させるための非常に優れた、対策や器具があります。

　全体像把握のための欄を使って、話し合いや観察からあなたが探り、集めた手がかりを何でも書き留めてください。例えば、"イヴェットには、あざが昔からあるが、心配する必要はない。また、彼女の両脚の皮膚はカサカサして乾燥している"などと、書き留めるとよいでしょう。私が特に必要としている支援の欄には、その人が、現在使っている軟膏、錠剤、特別の器具を何でも、書き入れるべきです。例えば、"イヴェットは、一週間に一度は、湯船につかり、肌にうるおいを与える泡立つ入浴剤を使う。また、毎晩、脚に肌荒れ防止クリームを擦り込むように、声をかけてもらう必要がある"などと書き入れます。

　その人が、何らかの不快感や、痛みを訴えたり、示したりする場合、あるいは、その人の皮膚の外観に何か変化がある場合には、その人に尋ね、同意を得てから、専門家のアセスメントの欄にチェックを入れ、皮膚のアセスメントを受けるために、地域の看護師や一般医を手配すべきです。

●性によって異なる健康問題

　女性、男性それぞれに特有な健康のリスクや疾患が、いくつかあります。これらは、高齢期も含め、成年期の男性や女性の人生のどの時点でも起き得ることです。あなたが全体像を把握しようとしている人には、今でも管理を要する病気のあることがすでにわかっているかもしれませんし、認知症の発症と時を同じくして、新たにかかった病気があるかもしれません。心と体の健康の全体像を把握するためのこの欄は、あなたが全体像を把握しようとし

ている人が、既存の疾患をちゃんと治療し、再発するリスクを減らし、調べる必要がある症状に気をつけるように支援するために役に立ちます。

最も一般的な女性特有の疾患には次のようなものがあります。

- 乳がん
- 卵巣がん、外陰部がん、子宮がん
- 子宮内膜症
- 骨盤内炎症性疾患
- 子宮脱

同様に、最も一般的な男性特有の疾患には次のようなものがあります。

- 前立腺がん
- 前立腺肥大症
- 睾丸がん
- 男性陰部カンジダ症

・**女性**

　50歳から69歳までのすべての女性には、乳がんの早期発見のために、定期的なスクリーニング（検診）の案内をすべきです。70歳以上の女性は、自分で予約を入れる必要があります（英国の場合）。あなたが全体像を把握しようとしている相手の女性が、最後にマンモグラフィー（乳房Ｘ線撮影）を受けたのはいつか、そろそろ受ける予定の時期が来ていないかについて確認するための支援をする必要があるかもしれません。予定の時期になっている場合、あるいは、彼女がわからない場合には、"私は専門家のアセスメントを希望します"の欄に、あなたがチェックを入れ、彼女にそのような手配をしてよいか、尋ね、その同意を得てから、その手配をする支援をしてください。

　これまでの生涯、性的に活発であった女性で、49歳から64歳までの女性は、5年に一度子宮頸がんの検査を受けるべきです。65歳以上の女性で、過去10年間に受けた検査のうち、最後の2回の結果が、陰性であった場合には、検査をやめても構わないでしょう。あなたが全体像を把握しようとしている

対象の女性が、子宮頸がん検査が必要で、それを望んでいるかどうかを明らかにするために、あなたの支援を必要としているかもしれません。彼女が、あなたに検査の手配を進めてほしい場合には、専門家のアセスメントの欄にチェックを入れて、彼女が検査の手配をする支援をしてください。

卵巣がんは、症状がまったくないことが多く、あってもほんのわずかしかありません。もっと重要なことは、遺伝的な要因があるかどうかということです。心と体の健康の全体像把握のためのプロセスの一環として、その人に、あるいは、家族の誰かに、卵巣がんの病歴のある人がいるかどうかを明らかにするために、あなたの支援が必要かもしれません。そのような病歴のある人がいる場合には、おそらく、彼女は、卵巣のスクリーニング検査の対象となり、医師に受診するための予約が必要となるでしょう。この場合には、全体像把握の欄に、家族内に卵巣がんの病歴があることを書き、専門家のアセスメントの欄に、チェックを入れるべきです。

女性の外陰部がんは、比較的まれなものですが、50歳以上の女性ではリスクが高くなります。あなたが全体像を把握しようとしている相手の女性が、次のような症状を経験している場合には、専門家のアセスメントの欄にチェックを入れ、なるべく速やかに、医療を受けられるよう、支援すべきです。

- 排尿中に痛みがあり、ひりひりしている
- 出血や、おりもの（分泌物）が出る
- 外陰部に、不快感、痛み、かゆみがあり、ひりひりしている
- 皮膚に腫れもの（しこり）がある

子宮がんの最も一般的な症状は、不正出血（膣からの異常な出血）です。子宮がんのさらに進行した段階では、疲れやすさ、吐き気、食欲不振、体重減少、便秘、背中や脚の痛みが起きる可能性があります。

子宮内膜症は、閉経になる前の若い女性がかかる病気ですが、もし、その人が、過去に、この疾病の治療を受けたことがある場合には、骨粗鬆症になる可能性がより高くなります。もしも、骨粗鬆症になれば、今の、その人にとって、重要な問題となる可能性があります。

骨盤内臓器脱出症は、高齢の女性に、より一般的に起きるもので、骨盤内の支持筋肉が非常に弱くなり、子宮や膀胱といった、骨盤内の臓器を支えて

いることができなくなることが原因で起きます。

症状には次のようなものが含まれます。

- 骨盤内（腔）の重苦しさや、圧迫感
- 生殖器（陰部）の組織のふくらみが起き、非常に不安を抱かせることがあり、多くの場合、赤くなり、ひりひり、ずきずきとした痛みがある
- 排尿の問題、膀胱の調節力が低下する（我慢ができない）
- 骨盤内や、腰の痛み
- 便秘
- 膣からの出血や、おりもの（分泌物）

これらの症状のうちどんなものでも、現在治療を受けているものがある場合、あるいは、過去に治療を受けたことがある場合には、全体像把握の欄に、これらを書き留めるべきです。例えば、"イヴェットは、若い時に、子宮内膜炎にかかったことがあり、26年前に子宮摘出術を受けた。家族に、卵巣がんの既往歴をもつ人がいる。イヴェットは、71歳であるが、過去7年間、マンモグラフィー（乳房X線撮影）やその他のスクリーニング検査を受けていない"などと、書けばよいでしょう。

女性特有の健康問題に関連して、イヴェットを元気で健康に保つために、現在とっている、あるいは、とる必要がある対策は、どんなものでも、私が特に必要としている支援の欄に書き留めるべきです。例えば、"イヴェットは、骨を強化するために、毎日ビタミンDのサプリメントを摂っている。マンモグラフィー（乳房X線撮影）の検査を受ける必要があるが、延び延びになっている。家族に卵巣がんの既往歴をもつ人がいるので、卵巣がんのスクリーニング検査を受けるために医師の診察を受ける必要がある"などと、書けばよいでしょう。専門家のアセスメントの欄にチェックを入れ、彼女の同意を得て、これらのことを、なるべく速やかに手配すべきです。

- **男性**

男性特有の疾病のうち、最も多いがんは、前立腺がんで、50歳以上の年齢層では、前立腺がんにかかるリスクはより高くなります。原因ははっきりし

ていませんが、野菜の摂取量が少なく、脂肪や肉の摂取量が多い食事と関連していると、考えられています。家族にこのがんの既往歴がある男性は、このがんにかかる、より大きなリスクをもっており、また、人種も関連していると考えられています。アジア系の男性は、アフリカ系カリブ人や、アフリカ系アメリカ黒人に比べて、前立腺がんになる率が高いとされています。診断が早期に行われていれば、一般的に、治療の成功率は、非常に高まります。

　症状がまったくない可能性がありますが、以下のような症状を認めることがあります。

- 尿の出が悪く、排尿に時間がかかる（排尿困難）
- 排尿回数が著しく多くなる（頻尿）
- 尿の勢いが弱い
- 尿が出たと思うと止まったりして、スムーズに出ない
- 残尿感があり、頻繁にトイレに行かなければならない
- 排尿し終わったあとで、漏れる
- 排尿中の痛み
- 血尿
- 腰、骨盤、臀部と、臀部の両側の痛みやしこり

　男性が40歳を超える頃になれば、前立腺の肥大が起き始めます。何の問題も起きない人もいますが、いろいろな問題が起きる人もいます。前立腺肥大は、次のような症状を引き起こすことがあります。

- 排尿困難
- 尿の勢いがなく、いっぺんに出にくい
- 尿が出た後に、漏れる
- 残尿感がある（排尿した後も、まだ出そうな感じがする）
- 頻繁にトイレに行きたくなる
- 夜中じゅう、トイレのために起きなければならない（夜間頻尿）
- 外出している時に、急いでトイレを探さなければならない（いったん、尿意を感じると、我慢ができず、トイレに入るまでに尿が出てしまうため）

次に、男性陰部カンジダ症について、説明します。

抗生物質の服用、糖尿病、免疫力の低下などがあると、陰部カンジダ症にかかりやすくなります。もしも、この病気になったとしても、清潔を保ち、抗真菌剤の外用薬を塗布すれば、問題なく治療できます。

この疾病の症状には、以下のようなものがあります。

> ●炎症、赤み、ひりひりする痛み、陰茎亀頭部に斑点や発疹が現れたり、かゆみがある
> ●陰茎の包皮下に、分泌物が付着する

全体像把握の欄に、現在管理を要する問題で、わかっているものはどんなものでも、書き留めてください。例えば、"ジェイムズは、3年前に前立腺肥大症と診断された"と書き留めます。私が特に必要としている支援の欄には、ジェイムズが疾病を管理するためにする必要があることを、記録してください。例えば"ジェイムズは、アルコールやカフェインを避け、低脂肪の食事を摂り、トマトをたくさん食べることによって、この疾病を管理している。彼が外来診察の予約を守りこの疾病の経過が追えるように、支援が必要である"などと、記録してください。

また、観察されたり、報告されたりした問題で、新しいものである可能性があるものは、どんなものでも、全体像把握の欄に記録すべきです。この中には、上記の症状の他にも、しこり、斑点、発疹、腫脹、分泌物、痛み、不快感などが含まれ、医師への受診を要します。例えば、"ジェイムズは、そけい部に発疹があり、不快で、かゆいと言っている"などと、記録してください。この場合には、専門家のアセスメントの欄にチェックを入れ、彼の同意を得て、医師の診察の予約をしてください。

これらの症状のどんなものでも、報告されたり、観察されたりした場合には、専門家のアセスメントの欄にチェックを入れ、なるべく速やかに、医師の診察を受けられるようにしてください。

● **痛み**

認知症をもつ人は、痛みを感じることはない、というのは、未だによくあ

りがちな、間違った考えです。実際、認知症になったからといって、痛みを感じるという根源的な経験が変わることはあり得ません。(Personal Social Services Research Unit 2005)。しかし、前に痛かった時のことを思い出したり、今、痛みがあることを伝えたりすることが、認知症があることでうまくできなくなっていることはあるでしょう。それゆえ、援助者が、痛みのどんなサインも注意して見ていることが、非常に重要なのです。もちろん、多くの認知症と共に生きる人たちは、痛みを経験した時に、それを伝えることができますし、伝えています。ただ、彼らは、痛みへの対処として、それより他の支援を求めている可能性があります。

　全体像を把握するための書式の、"痛み"の欄は、痛みに関して満たされていないニーズのあらゆるものを記録し、さらに、その人が、現在確認されている痛みを、どう管理しているかについての情報や、必要な支援についての情報も併せて、記録するための欄です。この欄を使わずに、より詳細な痛みのアセスメントを使うか、この欄と、より詳細な痛みのアセスメントとを組み合わせたものを使うこともできます。より詳細な痛みのアセスメントには、Abbey Pain Scale（Abbey 2004）というものがあり、それは、認知症をもつ人たちに使うために、特別に開発されたものです。他にも、Personal Social Services Research Unitが開発した、非常に優れた、認知症における痛みの実態報告書（Pain in Dementia Fact Sheet）という、インターネット上で取得可能なものがあります。これには、認知症をもつ人たちが、痛みに対処するための支援について、援助者たちに情報を提供しています。連絡先の詳細は、この本の後部に掲載されている役に立つ情報資源のリストに含まれています。

　痛みの徴候について尋ね、注意して見守ることは、日々行われなければならない、プロセスであるべきです。家族の人たちや援助者たちは、日常的な活動を通してその人を支援しているので、こういうことを自然にできる立場にあります。認知症をもつ人にとって痛みのリスクは、極めて大きいものです。多くの場合、痛みの原因は様々で、結局のところ、治療されていない身体の基礎疾患のためということになります。疾患には、おびただしい数のものがありますが、例えば、次に挙げるようなものがあります。

- 尿路感染症
- 骨折
- 口腔内の潰瘍や、感染
- 皮膚や目の疾病
- 関節炎
- 便秘

あなたが全体像を把握しようとしている人と、痛みについて話す時に、言葉を使ってコミュニケーションをとるのが困難な場合には、"どこか痛いところがありますか？"という質問から始め、その後に、足から始めて、身体の部位ごとに詳しく話し合うほうが、よいかもしれません。その人に、両足を見せてもらい、痛みがないかどうかを尋ねてください。次第に、身体の上部に移り、脚、腹部、陰部、胸部、両肩、両腕、背中、首、頭について、質問をしてください。差し支えなければ、尋ねている身体の部位に軽く触れたり、手のひらで軽くたたいたり、さらには、イラストや人形を使うこともできます。このようなものを使うと、あなたが全体像を把握しようとしているその人が、注意を集中させることができるような助けとなるかもしれません。答えが、"はい"または、"いいえ"となる簡単な質問をし続けるように試み、"痛み"の他に、痛みを表す言葉を使ってみてください。例えば、"ひりひり痛い"、"ずきずき痛い"、"つらい痛み"、"長く続くドーンとした鈍い痛み"、"嫌な感じの痛み"などの表現です。あなたが全体像を把握しようとしている人がどんな痛みを経験しているかどうかを、明らかにするために、じっくり、本人を観察する必要があるかもしれません。痛みがあることを、伝えようとしている場合には、以下のような様々な様子が見られます。

行動

イライラする、落ち着きがなくなる、前後左右に規則的に身体を揺り動かす、あるいは、手の平で軽くたたき続けるような反復行動をとるなど、いつもと違っていて、変化が認められる行動が見られることがあります。

このような行動があると、認知症が進行したためだと考えられていますが、本人が感じている痛みのせいでこのような行動が起きている可能性もありま

す。また、身体のある部分を押さえていたり、身体を丸めていたりすることは、痛みがあることを示しているのかもしれません。

気分・感情
　痛みが軽減されないと、抑うつになったり、引きこもったり、緊張を感じたり、不安になったりすることがあります。

顔の表情
　痛みがあると、眉をひそめたり、顔を歪めたりすることがあります。

声で表現すること
　大声で誰かを呼ぶ、怒鳴る、うなる、うめくなどは、すべて、痛みを感じている場合には、ごく自然な反応です。

　話し合っている間や、観察している間に、その人にどこか痛みがあるかもしれない、という心配を抱いた場合には、把握した全体像の欄に、その人が話したことや、あなたが見たことを書き留め、専門家によるアセスメントの欄にチェックを入れ、その人の同意を得てから、看護師や医師による診察を受けられるよう手配してください。これは、もちろん、その人のパーソン・センタードなケアプランにも、ニーズとして書き加えられなければなりません。
　痛みに関して、現在わかっている課題は、どんなものでも、把握された全体像の欄に、記録しなければなりません。例えば、"ジェイムズは、頭痛もちであり、頭痛が起きると繰り返し頭を押さえている"と、書き留めます。私が特に必要としている支援の欄を使って、痛みに対処するために、その人が受けている支援を書き留めてください。例えば、"ジェイムズは、頭痛が起きた時には、2時間ごとに、いつもの頭痛薬を2錠、飲む。この錠剤は、コップ一杯の水と一緒に渡し、これは頭痛をとるための錠剤であることを、ジェイムズに説明する必要がある"などと、書き留めます。
　認知症をもつ人が、痛みを認識して対処するための支援は、継続的で重要なケアの仕事の一環であり、その人のよい状態を向上させ、維持するために、大きな貢献をすることができます。

●体の健康とよい状態をおびやかすリスク

　　心と体の健康の全体像を把握するための書式の3ページ目の一番下に、全体像を把握するプロセスで、明らかになったどのようなリスクも、書き留めるための欄があります。これは、本質的には正式なリスクアセスメントではありませんが、施設内でリスクについての認識が共有されるように、明白なリスクを記録しておくための、早くて実用的な方法です。この欄には、認知症の人が、自身にとって特別であると感じているリスクについて言っていることはどんなものでも、記録すべきです。例えば、転倒したり、喉に食べ物を詰まらせたり、進む方向がわからなくなるリスクなどもです。また、あなたが観察したことについては何でも話し合い、書き留めることは、役に立つでしょう。その人の健康とよい状態に対するリスクを低減するためにとられるべき特別の対策が何か必要であればどんなものでも、書き留めるべきです。例えば、"転倒リスクを低減するために、夜間に適切な照明をつける"、あるいは、"喉に食べ物を詰まらせるリスクを減らすために、すりつぶした食事を出す" などと書き留めます。その人が以前にリスクアセスメントを受けたことがある場合には、それをこの欄に書き留め、どこに保管してあるかも記入してください。現在、その人がリスクアセスメントを必要としている、あるいは、リスクアセスメントを受けることはその人のためになると、あなたが考えるなら、一番右側にある専門家のアセスメントの欄にチェックを入れ、パーソン・センタードなケアプランの中に、ニーズとして書き入れることができます。明らかになった、心の健康やよい状態に対するリスクのどんなものも、忘れないで含めてください（心と体の健康の全体像把握のための書式の4ページ目を参照してください）。これらには、抑うつや、不安や、ある状況下で生じる、その人を動揺させる様々な感情が含まれます。例えば、"ジェイムズは、いっぺんにあまりに多くの人たちが周りにいたり、あまりに多くの人たちが同時に話しかけたり、プレッシャーをかけられると、怒ったり動揺するリスクがある"、あるいは、"イヴェットは、彼女のウサギのダニーとあまりに長い間離れていると、気分が沈むリスクがある" などと、書き入れます。

●私の心の健康とよい状態に関する全体像

　　　　心と体の健康の全体像を把握するための書式のこの部分は、精神的なよい状態や認知症の診断について、また、これが、その人にとってどんなことを意味するかについて、あなたがその人と話し合う時に、自信をもってできるようにあなたを支援するためのものです。その人が、かつて精神的な不調に陥ったことがあるけれど、それについて話し合ったりすることができなかったり、話したくないということがわかった場合には、その人の代わりとして、家族や友人に尋ねてもよいかどうか、本人に確かめ、同意を得てから、彼らに尋ねるべきです。この書式のこのページを完成させるために、次のような質問が役立つでしょう。

- **あなたは、うつ（うつ病）になったことがありますか？**
　　　　これを機会に、その人は、今まで、喪失体験や何かしらの変化に、どのように身を処してきたかを話し合いましょう。医療の専門用語ではなく、例えば、"落ち込んでいる"のような一般的な言葉を使うと、その人にとっては、より理解しやすくなるでしょう。

- **あなたは、不安に悩まされたことがありますか？**
　　　　同時に、その人が不安感に悩まされがちであるかどうかについて、話し合うこともできるでしょう。医療の専門用語ではなく、"吐き気がするほど胃がむかむかする"、"漠然とした恐怖を感じる"、"口が渇く、汗が出る、心配で胸がいっぱいである"のような言葉のほうが、その人にとっては、より理解しやすいでしょう。

- **その他にも、あなたは、何かしら嫌な気持ちに悩まされたことがありますか？**
　　　　認知症をもつ人が、その他にも、不快な経験をしたことがあったり、現在、実際に経験しているかもしれません。このような経験の中には、他の人たちが自分のことを、何やら言っている、自分に危害を加えようとしている、あるいは、声が聞こえたことがある、心をかき乱すような場面を見たことがある、などがあります。これは、このような経験が、どのようなものであるか、その人にどのような影響を及ぼしているかを、その人の視点に立って、理解

する機会になるでしょう。

　ここには、もう一つの欄が設けられてあり、これまでに、他の人たちが言っていたことや、してきたことで、役に立ったことなど、その人が他の人たちに知っていてもらいたい特別に追加すべき情報を、書き入れるためのものです。

• **認知症——あなたは、何らかの認知症であると診断されていますか？**

　認知症をもつ人本人に直接、認知症について話すことは、家族や、友人や、専門家たちは、抵抗を感じたり、容易ではないと考えるかもしれません。認知症をもつ多くの人たちは、長い間介護を受けてきた場合には、正式に診断されたことがないかもしれません。しかし、まだ自宅で暮らしている、より若い人は、なんらかの診断を受けているかもしれません。それぞれの人によって、診断や、率直な話し合いを取り巻く状況は異なるでしょう。パーソン・センタード・ケアにとって重要なことは、できる限り率直で誠実であること、そして、"認知症"という言葉がタブー（口に出すのもはばかられるような忌み嫌われる言葉）ではなくなることです。

　この書式のこの部分を、あなたが抵抗なく、使うことができれば、認知症をもつその人にとっては、大いにその能力を引き出し、強力な支えとなる可能性があります。認知症や、認知症という言葉について自然に話し合う姿勢から、認知症になったからといって、もうどうしようもないものではなく、やりようはあること、さらに言えば、多くの人が経験していることである、というメッセージを伝えることになるでしょう。

　"もの忘れをする"や、"考えるのに時間がかかる"などの言葉を使うことは、より適切であり、その人が、どのように認知能力の変化を感じているかについて、理解を深める話し合いになっていく可能性があります。彼らが、経験している状態を、周囲の人にどういう名称で呼んでほしいかを、直接ご本人に尋ねることは、悪いことではなく、敬意を払っていることです。その場合、具体的な診断名で呼ばれること、すなわち、「アルツハイマー病」と呼ばれることを望む人もいるかもしれませんし、「もの忘れの病気」と言われるほうがいい、と言う人もいるかもしれません。また、どんな名称であれ、そのようなレッテルを貼られることは、嫌だと思う人もいるでしょう。

- 認知症——診断の詳細

　その人が、すでに診断を受け、その診断についての情報が文書化されてもよいと思うなら、この書式の4ページ目にどこの医療機関で誰によって、いつ診断されたかの詳細を記録する欄があります。また、その人の症状についてのその人自身の説明と、その疾患をどう呼んでほしいかという説明を、記録する余白もあります。その人が、過去に、認知能力に関するアセスメントを受けたことがあるなら、それもここにメモすることができます。その人が、専門家のアセスメントを望むなら、それもここにメモすべきです。

2 心と体の健康の全体像を知ろうとする作業から、ニーズを探り、それがその人のニーズにマッチしているかを再考し、それを文書にする

●ニーズを明らかにする

　心と体の健康に関連するニーズを明らかにするために、必要とされる作業の大半は、全体像を把握するプロセスを進める間に、すでに済んでいると言ってよいでしょう。あなたが、把握した心と体の健康の全体像のどの欄についても、"私は専門家のアセスメントを希望します"という表題が付いている欄にチェックを入れた場合には、**私のパーソン・センタードなケアプラン**の中にも、ニーズとしてこれを反映する必要があり、それに加えて、その人の健康を維持するために、現在提供されている対処や治療のどんなものについても、書き留める必要があります。

●ニーズを文書に表す

　その人にとって重要であることを明らかにしたら、次は、あなたが、現場で実際に使用する3つの書式に書き留める内容に、それを反映させる必要があるでしょう。

- ●全体像のサマリーシート
- ●鍵となる重要な情報シート
- ●私のパーソン・センタードなケアプラン

・全体像のサマリーシート

　　全体像のサマリーシートの上から４段目の表題は"私の心と体の健康とリスクに関係する重要な事がら"となっていて、それを書き留める欄です。この欄には、非常に重要なことを簡単に要約する余白しかありません。また、ここにどんなことを書き留めるかを決めるためには、その人と家族、あるいは両方を交えて、話し合わなければなりません。その人の健康と安全を維持するために、もし、あなたが新しく、その人の援助者になったのなら絶対に知っておかなければならないことは、どんなことかを想像すると役に立つかもしれません。糖尿病のような健康問題や、転倒のようなリスクに関することは、ここに書き入れるのが適切でしょう。

・鍵となる重要な情報シート

　　"私のニーズを満たすために、連絡を望む可能性がある人たち"という表題の欄を使って、その人の検眼士、足の治療に関する専門医、地域の看護師（保健師）を含む、その人がよい健康を維持するための支援に関わっている人たちはどんな人でも、その名前を書き入れてください。

　　鍵となる重要な情報シートで、直接関連性がある他の欄は、このシートの一番下にある欄で、"私のケアに関わる人たちに知っていてもらいたい重要な情報"という表題がついています。また、心と体の健康の全体像を把握しようとしている間に、他の人たちに知っていてもらうことが非常に重要だとその人が感じていることが明らかになったら、どんなことでも、その情報はこの欄に書き留めることができます。これは、薬剤に関連するものや、アレルギーや血液型などのように、差し迫った問題ではないが周知されるべき特定の問題、あるいは、吸入器のような応急用の機器の保管場所についての情報である可能性があります。また、その人の心と体の健康や、認知症の診断に関連する情報である可能性があります。

- 私のパーソン・センタードなケアプラン

　最終的な産物である、**私のパーソン・センタードなケアプラン**は、人生歴、今までの生活スタイルとこれからの生活に望むこと、性格傾向、心と体の健康、何かをする潜在的な能力、認知能力、今まさに生きている人生に関連して行うあらゆる全体像を把握するための過程から引き出されるものです。この書式には、3つしか欄がありません。左側には、"私のニーズは"という表題の欄、真ん中には、"私の援助者は"という表題の欄があり、右側の欄は見直しをする日を書き入れるための欄です。

　私のパーソン・センタードなケアプラン作成のこの段階では、健康問題から生じるニーズに関係のある、"私のニーズは"という表題の欄にのみ記入すればよいのです。

　この章の、"1. 心と体の健康の全体像を把握するための書式を使う"という節で使われている例の中から、あなたがこの欄に書き留めると考えられるものを選んで、いくつか挙げます。

私のニーズは……

- 毎日3回薬を勧めて、飲むまで見守ってほしい
- 食べ物はティースプーン（小さじ）で食べたい
- 自分で、飲み物を飲めるように、手に持たせてほしい
- 身体の動きを調べてもらうために専門家にかかるように手配してほしい
- 私が移動する（歩く）時には、杖を持たせてほしい
- トイレを介助なしに使用できるように、便器の高さを上げて、手すりをつけてほしい
- 就寝時には誰かにそばにいてもらい、足が冷たくならないようにベッド用のソックスを履く手伝いをしてほしい
- 何かを読む時には、読書用眼鏡を渡してもらいたい
- 自分で、歯を磨けるように、歯ブラシに練り歯磨きをつけてから、渡してもらいたい
- 毎月、足の治療に関する専門医の予約診療に連れて行ってもらいたい
- 頭痛がする時は、4時間ごとに頭痛薬を飲ませてもらいたい

まとめ | 第5章

- 認知症をもつ人は、自分の心身の健康問題を表現することや、適切に管理することができないことがあり、治療可能な健康問題が見落とされるリスクが高い可能性があります。

- 行動に変化が起きた時には、潜在的な原因として、体調不良や、よくない状態、苦痛があるのではないかと考え、探り、その人のケアプランを作成したり、見直す時には、これを優先させることが、よい実践です。

- 心と体の健康の全体像を把握するための書式は、現在の健康問題や治療についての詳細を明らかにするための骨子となるものです。そして、それによってその人が毎日の生活の基本的な活動にどう対処しているか、何か、心身の健康についての潜在的に満たされていないニーズ、リスク、痛み、認知症とどう歩んでいくかというその人なりのやり方などが明らかになります。この中にはその人が、自分の認知症について話す時には、他の人からどう呼んでほしいのかなども含まれます。

- パーソン・センタードなケアプランは、あなたが全体像を把握しようとしている人が、既存の疾患を管理し、悪化や再発するリスクを低減し、さらに、新しく起きている医療を要する心身の健康問題のサインに、あなたが気づけるような手助けとなり、引いては、あなたがその人を支援できるようにしてくれるものです。

第6章

何かをする潜在的な能力
Capacity for Doing

一般的に言って、一定程度まで成長した人たちは、他の人たちと関わったり、なんらかの作業やものと関わったりする能力を身につけているので、社会で困難を感じることなく暮らすことができています。私たちは、一定程度成長した後には、思考力や、身体的な能力を十分に使いこなし、または、その両方の能力を協調して使い、やろうと思うことを、やり遂げることができるようになります。しかし、認知症をもつ人は、このようなことができなくなっている可能性があります。言い換えれば、"何かをしようとすること"が困難になり、さらに、不可能になることさえあります。しかし、どんな人であっても、その人が昏睡状態になっている場合を除いては、周囲の世界とまったく関わることができなくなるということは、決してありません。

　ということは、何かをする潜在的な能力の全体像を把握しようとする目的は、全体像を把握しようとしているその人のために、その援助者が、明確なケアプランを確実に作成することにあります。このケアプランは、対象者本人にとって意味があり、達成可能な関わりを促進するために必要とされるあらゆる支援を、詳細に示すものでなければなりません。これは、業務中心のケアから脱却し、ケアの文化（カルチャー）を変革したいと望むのであれば、非常に重要です。なぜなら、過去の業務中心のケアとは、認知症になると何もできなくなるという決めつけに基づいて、その人に"対して"、あるいは、その人の"ために"何かをしてあげる、というものだったと言えるからです。パーソン・センタード・ケアを実践するということは、認知症をもつ人が、自分でやろうと思うことを、やり遂げ、周囲の世界と関わることができるような環境を提供し、支援し続けるということを意味しています。昏睡状態にある場合を除いては、すべての人は、何らかの形で周囲の世界と関わりをもつことができます。重要なことは、すべての人には、その世界と関わりたいという意欲があり、そうするニーズも権利もあるということです。パーソン・センタードなケアチームは、認知症をもつ人の何かにたずさわる心理的なニーズを満たすことは、困難であるけれど、決して達成不可能なことではないという信念に基づいて、ケアを実践しているのです。

1 関わりをもつこと

　パーソン・センタードなケアプラン作成に使われている、"何かをすること"という言葉は、その最も広い意味で使われていて、"関わりをもつこと"という言葉と密接なつながりがあります。関わりをもつことという言葉は、周りの世界とのつながりをもつために私たちがするあらゆること、例えば、人や物をじっと見つめるだけの次元から、車を運転する、調理をすることなど、より複雑なタイプの行動にまで使われる、広い意味の言葉です。認知症をもつ人たちは、「認知症だから、何もしていない！」とか、「認知症になったから、関わりをもたなくなった」と思われてしまう、という大きなリスクにさらされています。しかし、これは、そもそも、以下に挙げるような様々な理由で、起きていることが多いのです。

　それは、

- 「認知症をもつ人たちなんて、何もすることができないに決まっている」という、ケアに対するオールドカルチャーに支配された考え方が残っているため
- （認知症をもつ人が、近づいてくると）彼らから、身をそらせて、避けようとしたり、彼らの存在を無視する人々のため
- あまりに多くのことが同時に起きている不慣れな環境や、精神的に負担が大きすぎる環境によって、認知症をもつ人たちが圧倒されてしまうため（これがその人たちが自分の世界に閉じこもってしまう原因となります）
- 誰かと接触したくても、手の届く範囲に誰もいなかったり、周りに何もなかったりする大きなロビーや休憩室のような"がらんとした空間"に放って置かれてしまうため
- その人にとっては、何の意味ももたない人や物と関わることを求められたり、その人にとって何の意味もない作業をするように強制されたりすること、あるいは、その人にとって取り組んだり理解することがあまりにも難し過ぎることに関わるよう求められるため

　以上のような、周囲の人々や、環境によって起きていることが多いのです。

関わりをもたなくなるリスクをなくすためには、援助者が、日々の果たすべき役割の一環として、認知症をもつ人たちが他の人たちや、活動、物との関わりを容易にもてるように働きかける必要があります。
　例えば、

> ● 援助者から積極的に働きかけて、目を合わせたり、やさしく肩をたたくなどの身体的な接触（スキンシップ）をしたり、「こんにちは」などと、言葉をかけたり、手を振ることや、その他の仕草や動作によって非言語的な触れ合いをはかるとよいでしょう。
> ● その人が日常的に関わっている物や重要な物を、すぐに使えるようにしたり、興味を引くようにしたり、見えるところに置いたり、手を伸ばせば使えるようにすること。例えば、ハンドバッグ、本、リモコンのような個人の持ち物は、手を伸ばせば届くテーブルなどの上に置いておきましょう。
> ● その人が何か、行動を起こすきっかけとなるような、関心のある品をパッと目に付くようにしておくのがよいでしょう。例えば、テーブルの上に布巾(ふきん)を置いておく、壁に箒(ほうき)を立てかけておくことなどです。

　また、援助者は、その人の何かをする潜在的な能力について、十分に理解する必要があります。箒を立てかけておいても、その人から見えるところに置かなければ手に取ることはないので、なんの役に立ちません。ボール投げのゲームの準備をしても、その人がボールを持つことができない人であったならば、意味がありません。

2　何かをする潜在的な能力を理解し、認識すること

　人間は何かを"する"能力を、幼児期から、一定の順序で徐々に発達させます。まず最初に、物を拾ったり、つかんだりする能力を発達させます。いったんこれを習得したら、いろいろな物の違いや、使い方を学びます。次に、何かしていることを、途中でやめず、継続することを学びます。さらに、その次には、目標を考えながら何かをすることができるようになります。

ここで、何かをする潜在的な能力を、私たちがどのように発達させるかということについて、鍵の束を例に使って説明しましょう。生まれてから数週間たっても、私たちは鍵をじっと見つめることしかできません。誰かが鍵の束をチャリンチャリンと鳴らすと、その音を聴くという関わりをもちます。見ることも聴くことも、共に、感覚によって周囲の世界と関わる重要な方法です。ハイハイをするようになる頃には、鍵を拾い上げることもできるようになるでしょう。こうして、物をつかむことを学ぶわけです。次に発達するのは、物を使って何かをする能力です。床に鍵を投げることによって、世界には物がたった一つだけではなくもっとあることを学びます——二つの物、すなわち、鍵の束と床があるということ、さらに物には違いがあることを理解し、区別することを学ぶのです。そのような、試行錯誤の末に、私たちは、自分の行動のもたらす影響に気づくようになります。床の上に鍵の束を落とすと、音がするので、周囲にいる人たちが反応します。このようにして、目的を達成するために、私たちが物を使う能力が発達するのです。私たちが歩いたり走ったりする頃になると、鍵を使って、錠をかけたり、開けたりすることを学びます。これが、目標指向的行動です。鍵の束を見たりその音を聴いたりすることだけしかできなかった段階から、巧みに鍵を使って、錠をかけたり開けたりすることができる段階までの長い道のりは、人間の認知的発達によって可能になります。認知という言葉には、考えて何かをするという意味があり、どんな人間も、"何かをする"ということのためには、身体的にも認知的にも成長する必要があります。

　アメリカ人の作業療法士クローディア・ケイ・アレン（Claudia Kay Allen）は、自身の論文の中で、「認知障害モデル」を説明し、私たちがどのように発達するかという、先に述べた論理を展開しました。このモデルは、何かをするというスキル（技能、能力、動作）は、先に述べたような順序で発達するという考え方に基づいています。(Allen, Earhart and Blue "Cognitive Disabilities Model" 1992)。

　私たちの何かをするスキルは、どのように発達するかについて、簡単にまとめると以下のようになります。

> スキル1：頭の向きを変えて物を見る
> スキル2：物をつかむ、握る
> スキル3：手を使って物を扱う
> スキル4：単純な道具を使い始める
> スキル5：行動がもたらす影響に気づく
> スキル6：身につけた方法で、目標に合うように、順序正しく、一連の行動を行う

　アレンのモデルは、私たちが2番目のスキルを発達させるためには、1番目のスキルが必要であり、3番目のスキルを発達させるためには、2番目のスキルが必要であるというような考え方に基づいています。身体的なスキルについても同じことが当てはまるので、当然ですが、人はまず歩くことができないと走れるようにはならないのです。

　認知症をもつ人を支援するうえで、このモデルを使うと有益な点は、以下のことが、よく理解できることです。

　まず、理解すべきは、何かをするスキルが障害されるということは、その人にとって、何かをするにあたっての自然で、抵抗なく行える次元が今までと、変わってしまうことを意味する、ということです。例えば、物に対して行なった、その人の行動がもたらす影響に気づくことができる次元（これを、"目標指向的行動"と呼んでいます）のスキルを失った場合、その人は目標指向的行動に関わろうとして苦労するでしょう。何かをするにあたっての、その人にとっての自然で、抵抗なく行える次元が変わってしまったのです。

　このモデルには、理論的な根拠があり、さらに認知症をもつ人が、何かをしようとした時の、最も自然で抵抗なくやれる次元を理解する時に、作業療法士が用いる手段が含まれています。パーソン・センタードなケアプラン作成と直接関係する、関わりの次元には4つあります。**表6-1**「関わりの次元」に、4つの次元を示し、また今、お話をした6つのスキルが、どの次元と関連しているか、また、その次元において自然に行うことができる行動の例も合わせて示します。その人と援助者が、何かをする潜在的な能力の全体像を把握するためにこのモデルを使うと、その人にとって最も自然で、抵抗感な

く行うことができる次元を見分ける助けとなります。これによって、その人がどういう類のことであれば、苦労なくやれるか、について予測することができ、非常に役に立ちます。

全体像把握のプロセスのこの部分では、あなたとあなたが全体像を把握しようとしている人とが共に、**何かをする潜在的な能力の全体像を把握するための書式**を使って、どの潜在的な能力のスキルがまだ損なわれないでそのまま残っているか、どのスキルが損なわれてしまっているのかを確認でき、ここから、対象者本人にとって何かをする時に、最も自然で、負担なく行うことができる次元を見極めることができます。

表6-1は、最も原始的で、低次な、すなわち、反応に近い、無意識に行われる次元から、徐々に高次なものへと進んでいく、様々な次元を示しています。この表の中に示されている、次元の中で最も高次なものは、目標指向的な次元です。アレンのモデルには、この他に、より高次で、"探究的"および"計画的"と表現されている二つの次元がありますが、これらは、認知障害の

表6-1：関わりの次元

	関わりの次元	この次元で、自然にできること
スキル1：物を見るために頭の向きを変える	反応、無意識	物を見つめる、聴く、気配を感じる
スキル2：物をつかむ	身体・手足の位置を変える	動きまわる、手すりや家具につかまる、家具を押す、単純な反復的な身体を使うゲーム（風船を打つ）や運動をする
スキル3：手を使って物を扱う	手や身体を使って扱う	物を拾い上げ、扱い、動かす
スキル4：単純な道具を使い始める		（かき回して）探す、より分ける、積み重ねる。拭く、かき混ぜる、掃き取るなど、単一の作業を行う
スキル5：行動がもたらす影響に気づく	目標指向的	慣れている、日常生活上の、物が組み合わさった、複数の段階を伴う作業を行う
スキル6：慣れた手順で、順序よく一連の行動を行う		

ない、健常な成人が取り組める次元です。この二つはこの表には書いていません。これら二つの次元では、人は、抽象的な思考に関わり、複雑な考え方を表現し、前もって計画を立て、高度で抽象的な議論に関わり、どの程度の確率で起きるか、などのことを比較判断します。たいていの人は、一日の中でも、この次元で機能しているのは短時間に過ぎません。私たちが疲れていたり、気が動転していたり、気分がのらない時に、この次元の行動をしようとすると、悪戦苦闘することになります。

　病気で気分が悪かったり、慢性の身体的、精神的、あるいは、認知症のような認知障害を伴う疾患を抱えて生活している人が、これらの"探究的"および"計画的"次元で、何かを行う、という強い意欲をもつということは、ほとんどあり得ません。
　このモデルは、認知症ケアの分野で働く作業療法士たちによって使われており（Perrin, May and Anderson 2008; Pool 2007）、さらに、最近になって、その他の援助者たちも使えるように開発されました（Pool 2007）。
　援助者や専門家たちが、その人が、何かをする、潜在的な能力を十分に理解し、その人のケアをよりよく実践していくために、便利で信頼性のある手段として、このような方法を試行してきました。これまでの結果は、まずまずのものだったのですが、今後、さらに研究を進める必要があります。
　この方法は、その人の何かをする潜在的な能力の指標として使うことができるので、食べることを例にとって、そのスキルの全体像を把握するための、簡単なやり方を紹介しましょう。
　何かを、目標指向的な次元で、自然に負担感なく行うことができることが確認されている人は、適切な食器を使ったり、さらに同時に二つ以上の食器を使って、ほぼ確実に、自分で食事をすることができるでしょう。しかし、手や身体を使う次元でしか何かができない人は、同時に二つの食器を使ったり、二つの食器を使って、切り分けて、食べるのは、大変で、スプーンやフォークは食べ物を切り分けるのに使っただけで、手でつかんで食べるかもしれませんし、（切るのに使うべき）ナイフで食べ物を口に運んで食べるかもしれません。さらにそれも難しく、身体・手足の位置を変える、という次元で何かをする人は、指でつまんで食べられるものを出してもらう介助、スプーンやコップを手に持たせてもらう介助や、さらには、スプーンやコップを口まで

運ぶための介助など、より一層の支援が必要とされるでしょう。反応、無意識の次元でしか何かをすることができない人は、誰か他の人に、食べさせてもらう必要があるでしょう。

　表6-2は、何かをする潜在的な能力の全体像を把握するための書式を使って、あなたが全体像を探ろうとする対象者の行動を挙げ、これらの行動が、アレンのモデルのどれに相当しているかを示すものです。真ん中の欄に挙げられている行動は、何かをする潜在的な能力の全体像を把握するための書式に挙げられているものと同じです。これらの行動は、その人自身が、このような行動なら、うまく、自然にできると教えてくれることもあるでしょうし、あなたがその人の日々の生活で繰り広げられている行動や行為を注意深く観察することによって、理解できる行動です。

3　何かをする潜在的な能力の全体像を把握するための書式を使う

　何かをする潜在的な能力の全体像を把握するための書式は、その人が周囲の世界と十分な関わりをもち続けられるようにするためには何が必要であるかを、認知症をもつ人とその援助者が理解するための助けとなるように工夫されています。この書式を使うと、潜在的な能力を認識して、それらを促進し、目標に向けて適切な支援をすることができます。これは、アレンの認知障害のモデル（Cognitive Disabilities Model）（Allen ほか、1992）を一部変更したもので、この書式を使えば、その人が、どの次元で、周囲の世界と関わることができるかを見分け、予測することが、割と簡単にわかるでしょう。

　この書式は、その人が何かを食べたり飲んだりしている時に、無理なく、自然に行える行動と関連したことを記入して、完成させます。その人が直接自身で述べたこと、あるいは、援助者によって観察されたことの、どちらでも記入することができます。必要な部分を記入した書式を使うことによって、全体像を把握しようとしている人が、最も自然に負担感なくできる次元について、最初のアセスメントをすることができます。

表 6-2：何かをする潜在的な能力

その人が行うこと	何かをする潜在的な能力の書式に挙げられている、予測される食べる能力	アレンの説明による、関わりの次元
●身体の部位を動かす、五感（の感覚）を介して関わる ●物をつかむ ●一つの物を使う ●異なるものを区別して、使う ●物に対する行動を継続する ●目標を意識して物を使う	●飲み込む ●口を開ける ●頭の向きを変える ●手に持たされたコップから飲む ●指で食べ物をつまむ ●一つの食器を使って食べる ●手を伸ばして食器の一つを握る ●一つの食器を使って物を切り分ける ●一つの食器を使って、食べ物を分けたり、すりつぶす ●二種類の食器を同時に使って食べる ●食器を二つ一緒に使い、食べ物をナイフで切り分ける	目標指向的
●身体の部位を動かす、五感（の感覚）を介して関わる ●物をつかむ ●一つの物を使う ●異なるものを区別して、使う ●物に対する行動を継続する	●飲み込む ●口を開ける ●頭の向きを変える ●手に持たされたコップから飲む ●指で食べ物をつまむ ●一つの食器を使って食べる ●一つの食器に手を伸ばして、握る ●一つの食器を使って食べ物を切り分ける ●一つの食器を使って、食べ物を分けたり、すりつぶす ●二つの食器を一緒に使って食べる	手や身体を使って扱う
●身体の部位を動かす、五感（の感覚）を介して関わる ●物をつかむ ●一つの物を使う ●異なるものを区別して、使う	●飲み込む ●口を開ける ●頭の向きを変える ●手に持たされたコップから飲む ●指で食べ物をつまむ ●一つの食器を使って食べる ●一つの食器に手を伸ばして、握る	手や身体を使って扱う
●身体の部位を動かす、五感（の感覚）を介して関わる ●物をつかむ	●飲み込む ●口を開ける ●頭の向きを変える ●手に持たされたコップから飲む	身体・手足の位置を変える

全体像を把握しようとしている人が、複合的な心と体の健康問題のために、食べる能力が妨げられている場合には、この全体像を把握するためのツールを使用することは適切とは限りません。そのような場合には、適切な資格と経験をもった作業療法士による、専門的なアセスメントを受けることをお勧めします。

　観察、あるいは、面談のどちらを用いるにしても、その人の本当の潜在的能力の全体像を確実に把握することが重要です。例えば、普段はいつもスタッフに食べさせてもらっている人が、誰の手を借りることなく食べ物を手に取って食べることができることがあるということを知っておくことは重要なことです。このような場合、スタッフが食べさせることは、認知症をもつ人の潜在的な能力を使わせないことになります。その人の潜在的な能力を観察するために、特別な状況を設けることが必要となるかもしれません。例えば、普段の食事の時間とは異なる時間帯に観察を行い、その時には指でつまんで食べるものを出して、その人が食べ物を手に取ることができるかどうかを確認することが必要かもしれません。

　"頭の向きを変える"という動作から始めて、順番に、行うことができる一つひとつの動作にチェックを付けていくことによって、その人が主にどの関わりの次元にいるかを確認することができるはずです。"私はこれを負担なく自然にできます"のチェックは、低次のものから、高次のものに向かって、飛び飛びではなく、連続して付いていくことになりますが、そのうちに、一番上にある"頭の向きを変える"という動作にも、チェックが付けられなくなる時がきます。太文字で示されたこれらの動作の段階は、その人の何かをする潜在的な能力が、主に、反応・無意識の次元だけか、身体・手足の位置を変えたり、手や身体を使って扱うという次元までか、目標指向的な次元まであるかということなどを、示しています。

　その人にとってどの次元が、負担感がなく自然であるかがわかれば、下記の何かをする潜在的な能力を引き出すための支援ガイドという表題のついている**表6-3**と併せて、これを使うことができ、その人が周囲の世界と関わり、さらには"何かをすることができる人"として生活してゆくために必要なことを詳細に記した、より豊かなパーソン・センタードなケアプランを創ることができます。

表 6-3：何かをする潜在的な能力を引き出すための支援ガイド

何かをする時に、最も自然で負担が少ない次元	支援が必要とされること：	その人が、関わりをもてるように、周囲の人々が、提供すべき、環境や機会
目標指向的	事前に計画する 新しい事がら（経験、学習）、慣れない環境や手順を、うまくこなす	普通の日常生活活動、食べる、自分の身の回りのことをする、ゲーム、スポーツ、手工芸、クイズ、何かを作り上げる作業、話す、コミュニケーションをとる、話し合う、音楽、ダンス、ドラマ、祝いの催事、アート、陶芸などの創作的な活動、回想、ガーデニング、動物、と関わる
手や身体を使って扱う	日常生活活動を行う 食べる、自分の身の回りのことをするなどの、作業をやり遂げる	話す、コミュニケーションをとる、話し合う、音楽、ダンス、ドラマ、祝いの催事、アート、陶芸などの創作的な活動、回想、ガーデニング、動物、感覚刺激、かき回して探す、整理する、積み重ねる、マッサージ、運動をする
身体・手足の位置を変える	日常生活活動を始めて続ける、食べる、自分の身の回りのことをする。また、飲料を飲む、あるいは、活動を行うためにスプーン、その他のものを手に持たせてもらう	動物、感覚刺激、かき回して探す、積み重ねる、マッサージ、運動、ボール／風船遊び、人形、衣服を着る、移動する、家具を押す（動かす）
反応・無意識	見る、（指や手で）触る、聞く、味わうことを介して周囲の世界と、感覚的な関わりをもつ	動物、感覚刺激、音楽、興味を引きつける動くもの、笑顔になる、身体を揺り動かす、歌う、歌ってもらう、アイコンタクト、気持ちを落ち着かせる（リラックスさせる）ための笑顔、身体的な接触など、非言語的なコミュニケーションをとる

4 何かをする潜在的な能力を知ろうとする作業から、ニーズを探り、それがその人のニーズにマッチしているかを再考し、それを文書にする

●ニーズを明らかにする

　何かをする潜在的な能力に関連するニーズを見極めるためには、"何かをする"ためのどのスキルが、その人にとって、困難なのか、不可能なのか、また、どのスキルが、容易なのか、自然で、負担感のないものかを理解する必要があります。援助者の役割は、一人では、うまくやれなかったり、できなかったりする動作（スキル）を、支援し、補うこと、さらに自然に負担感なくできる動作（スキル）を用いる機会を提供することにあります。その人が、最も自然に負担感なく何かをする次元を確認したら、前ページの**表6-3**のガイドを使って、ニーズを見極めることができます。この表は、ペリンらの著書（Perrin, May and Anderson 2008）に、詳細に書かれているより複合的なモデル（Wellbeing in Dementia: An Occupational Approach for Therapists and Carers）を、短く簡単にしたものです。

●ニーズを文書に表す

　その人にとって何が重要であるかを確認したら、次は、現場で実際に使う3つの書式に書く時に、それを反映させなければなりません。

●全体像のサマリーシート
●鍵となる重要な情報シート
●私のパーソン・センタードなケアプラン

・**全体像のサマリーシート**
　全体像のサマリーシートの5段目の欄は、全体像を把握しようとしているその人にとって最も自然に関わりをもつことができる次元を選んで、○で囲むようになっています。

- **鍵となる重要な情報シート**

　"私のニーズを満たすために、連絡を望む可能性がある人たち"の欄を使って、その人を担当している作業療法士、アクティビティ担当者、ボランティアなど、その人が周囲の世界と関わりがもてるように支援している人はどんな人でも、その名前を記入してください。

　鍵となる重要な情報シートで、その他の重要な欄は、シートの一番下にある、"私のケアに関わる人たちに知っていてもらいたい重要な情報"と表題が付いている欄です。何かをする潜在的な能力の全体像を把握しようとしている間に、他の人たちに知っていてもらうことが非常に重要だと、その人が感じているものが何か出てきたら、この欄に書き留めておくべきです。これは、例えば、ティースプーン（小さじ）を使って食べるとか、飲み物を飲む時には、コップを手に持たせてもらう必要があるなど、非常に小さなことであっても、その人にとっては非常に重要なことである可能性があります。

- **私のパーソン・センタードなケアプラン**

　最終の成果物である、**私のパーソン・センタードなケアプラン**は、人生歴、今までの生活スタイルとこれからの生活に望むこと、性格傾向、心と体の健康、何かをする潜在的な能力、認知能力、今まさに生きている人生、に関連して、あなたが行うその人の全体像を把握するためのあらゆる努力や作業から、引き出されるものです。この書式には、3つしか欄がありません。左側には"私のニーズは"という表題の欄、真ん中には"私の援助者は"という表題の欄、右側の欄は見直しする日を書き入れるための欄です。

　私のパーソン・センタードなケアプラン作成のこの段階では、何かをする潜在的な能力をめぐって出てくるニーズに関する情報を、"私のニーズは"という表題の欄にだけ記入すればいいのです。これまでの章で、繰り返し述べられている通り、これらのニーズは、それが満たされるか否かで、その人の一日が、すばらしいものになるか、逆にとてもひどいものになってしまうかを左右するほど、その人にとっては重要です。何かをする潜在的な能力を引き出すための支援ガイド（表6-3、p.170）をπし、手始めとして使ってください。その人と共に、勧められる活動を探り、人生歴、これまでの生活スタイルとこれからの生活に望むこと、性格傾向、心と体の健康を、勘案してから後に、その人のために特別に考えられたニーズの"リスト"を作る必

要があります。

　以下に、**私のパーソン・センタードなケアプラン**の書式に、何かをする潜在的な能力に関するその人のニーズについて、どのように書き留めればよいか、例を挙げます。

私のニーズは……

> ●食べたり、衣服を着たりするなどの日常の活動をやれるように、やさしい言葉で励ましてほしい
> ●何かを私に渡す時には、一つずつ渡してもらいたい
> ●毎日散歩するなどの運動する機会を、折々に作ってもらいたい
> ●スポーツについての会話やクイズに参加する機会を、折に触れて、作ってもらいたい
> ●新鮮な花を眺め、触ったり、その香りを楽しむ機会を折に触れて、作ってもらいたい

まとめ 第6章

- 認知症をもつ人にとって、"何かをすること"は困難になり、さらに、不可能にさえなることがありますが、（昏睡状態にある場合を除けば）どんな人でも、まったく、周囲の世界と関わることができなくなるということは決してありません。

- 『関わりをもつこと』という言葉は、私たちの周りの世界とのつながりをもつために私たちがするあらゆること、例えば、人や物をじっと見つめることから、車を運転する、食事を作ることなど、より複雑なタイプの行動にまで使われる、広い意味をもつ言葉です。

- 認知症をもつ人たちは、何も"しない"という状況に置かれてしまったり、あるいは、関わりをもたせてもらえないという大きなリスクにさらされていて、その結果その人をよくない状態にしてしまう可能性があります。

- 何かをする潜在的な能力の全体像を把握するプロセスは、あなたと全体像を把握しようとしているその人にとって、本人が何かをする時に、最も自然で、負担感のない次元を見極める助けとなります。

- パーソン・センタードなケアプランは、認知症をもつ人が周囲の世界と関わりをもつことができるよう支援するために、援助者がとるべき行動を明確に示します。

第7章

認知能力
Cognitive Ability

認知能力を支援するニーズを、ケアにたずさわる全スタッフが取り組むべき課題として取り上げるようになったことは、認知症ケアにおける重要な進展と言えるでしょう。認知症をもつ人たちとその援助者のための教育や研修では、この部分で後れをとってきました。実際、医療専門家たちの間では、認知症と脳や行動に関する理解や専門知識が増え続けているのですが、正しい知識や情報が最も必要とされている現場のレベルでは、依然として、教育や研修が十分行われないままになっており、かなり間違った情報が伝えられている、と言っても過言ではありません。

　よくある認知症に関する誤った考えには、次のようなものがあります。
　認知症は…

- 単なる老化の一部でしょ
- 歳をとって、頭がおかしくなっているんだ
- いろいろなことを想像して被害妄想になってしまうらしい
- 物覚えが悪くなることさ
- 絶望的な病気で、手の施しようがないものです
- どうすることもできない悲劇ですよね
…などなど

　実際には、身体的、社会的、心理的な支援と同じように、認知的な支援を提供すれば、多くのことが可能になるのにもかかわらず、このような考え方をしていると、結果として不適切なケアが実践されることになってしまいます。認知的な支援のニーズを無視してしまうと、認知症をもつ人のよい状態を促進するうえで実際に役に立つ数多くの介入に対して、扉を閉ざすことになってしまうのです。
　認知能力の全体像を把握するための作業や努力が重要だと言ったからといって、認知症ケアにおいてしかるべき位置を占め、また価値もある、標準化されたアセスメントは不要だ、と言っているのではありません。しかし、認知症における認知障害に関する、わかりやすい、まとまった知識があるのですから、それを現場で認知症ケアにたずさわる職員全体がすでにもっている知識と融合させることができると、私たちは確信しています。この章では、

この知識を基礎から強化するための情報について説明します。認知能力の全体像把握のための書式を使うと、認知症の人がもっている、あるいは、もっている可能性がある認知的な障害が明らかになってくるでしょう。この章の最後の節では、把握された全体像からどのようにニーズを見極めて、それを文書にするかを考えてみます。明らかになった認知的なニーズを満たすことは、パーソン・センタードなケアプランの重要な部分となります。

1 認知症と脳

　特に高齢期の認知症の最もよく知られている原因としては、アルツハイマー病と脳血管性認知症の二つがあります（Alzheimer's Society 2008）。これらの疾患の両方ともが、大脳皮質が障害を受ける原因となります。皮質は脳の表層組織で、厚さは約1/8インチ（3㎜）あり、そこに何十億個ものニューロン（神経細胞）とシナプス（ニューロンが情報交換する場所）が網目状に張り巡らされています。皮質の表層部分のひだが広がり、表面積が増えると、ニューロンがさらに増え、ニューロン間の活動が増える余地を広げます。この大脳皮質のおかげで、私たちは、生まれてすぐの赤ん坊にはできないことをすべて学習し、行うことができるようになるのです。これを、獲得技能と呼びます。

　これら獲得された技能を発揮するために、異なる部位の大脳皮質は、人の脳が処理しなければならない、それぞれに異なる"働き"を果たす役割を担っています。これらが、脳の働きと関係がある"認知的な"働きで、それぞれ、皮質の特定の部分で行われるのです。

　これらの働きは、大まかに言うと主に4つのタイプに分けられます。

- 視覚処理
- 身体の動きの協調と身体的経験の統合
- 記憶と聴覚処理
- 計画する、判断する、感情をコントロール（抑制）する

大脳皮質が障害されることによって、これらの機能の一部がうまく働かなくなったり、実行不能に陥る、病気はたくさんあり、アルツハイマー病や、脳血管性認知症は、それらのうちの、一部に過ぎません。

　それぞれの大脳の部位には、それぞれ、果たすべき機能があります。

①後頭葉：視覚処理
②頭頂葉：身体の動きの協調と身体的経験の統合
③側頭葉：聴覚処理、言語や言葉、記憶
④前頭葉：高度な知的機能、計画する、判断する、感情をコントロール（抑制）する

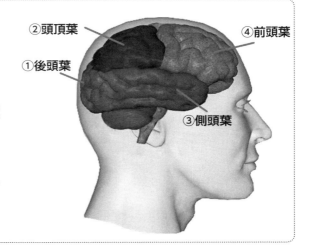

①後頭葉：視覚処理をする
②頭頂葉：身体の動きの協調、身体的経験の統合
③側頭葉：言語や言葉の聴覚処理をしたり、情報や記憶の"保存ボタン"の役割
④前頭葉：計画（立案）、判断、感情をコントロール（抑制）する

図7-1：大脳を右側面から見た図

　図7-1は、大脳を右側面から見た図です。これは、大脳とそれに関係する人間の行動を非常に簡単に説明したものです。より詳細な説明については、Wellbeing in Dementia: An Occupational Approach for Therapists and Carers（Perrin, May and Anderson, 2008）の第1章を参照してください。

●視覚処理

　視覚処理をすることによって、目が大脳皮質に伝達するイメージ（像）を、

私たちは理解することができます。この処理は後頭葉で行われます。後頭葉に障害があると、視野に入ったものを理解するために、助けが必要になります。

後頭葉の障害によって生じる視覚障害には、以下のようなものがあります。

- 視野に欠損があるために、家具にぶつかってしまうことがある
- 線、縁（ふち）、形を見分けることが困難になる
- 色を見分けることが困難になる
- 動きを見分けることが困難になる
- 段や高低差などを見分けることが困難になる

●身体の動きの協調と身体的経験の統合

頭頂葉がその働きを果たしている時には、特段の努力なしに、身体は自在に動くことができます。大脳皮質のこの部分は、例えば、私たちが自分の足はどこにあるかを理解し、実際に見たり触ったりしなくても、それらを知覚できるようにしています。背中がイスの背もたれに届くまで、身体を傾けても、あたかもそのまま倒れてしまうと感じなくてもすむことができるようになっているのはこの頭頂葉が適切に機能しているためなのです。また、自分が部屋の中のどこにいるのか、今自分がいる部屋は、家のどこにあるのかを認識できるようにしています。もしも、この部分に障害を受けると、以下に挙げるような日常生活活動を行うことが困難になる可能性があります。

- スキルを要する動作（例えば、食事用のナイフ、フォーク、スプーン、箸などを使うことなど）が困難になります
- 周囲の環境を精査して分析、理解することが困難になります
- （手や足など）身体の位置がよく認識できなくなってしまいます
- 読むこと、書くこと、計算することが困難になります

●言語や言葉の聴覚処理をする、情報と記憶の"保存ボタン"

アルツハイマー病は、主に側頭葉が障害を受けます。大脳皮質のこの部分が、私たちに聞こえたものを処理し、新しい情報を取捨選択し、記銘、保持

して、記憶します。側頭葉が障害を受けると、結果として以下のような障害が生じます。

- 特に非常に詳細で、日頃、あまり接していないものについて、全般的な知識が衰退する
- 言語障害
- 適切な言葉を見つけ出すことが困難になる
- 他の人たちが話していることを理解することが困難になる
- 物を認識することが困難になる
- 人々を認識することが困難になる
- 場所を認識することが困難になる
- 記憶が抜け落ちてしまう

　大脳皮質の一部である、側頭葉の内側面に、海馬と呼ばれる非常に重要な組織があります。海馬は、私たちが、記憶として蓄積しているものを、新しい情報でもって、最新のものにするようにしています。海馬は、私たちの脳の"保存ボタン"のようなもので、アルツハイマー病の進行の非常に早期の段階に侵されてしまいます。これが適切に働かないと、日々のちょっとした出来事があっても、すぐにその記憶が失われてしまいます。その結果、認知症をもつ人は、周囲の世界がどう変化しているかについての認識を最新のものにすることができなくなります。例えば、自分のよく知っている友人や家族が、時間がたつとどのように見た目が変わるのか、電子レンジはどうしたら動くのか、最近の電話は、どんな形をしているかなどについての認識を更新できないのです。認知症をもつ人は、自分が"保存してきた"もの、すなわち、古い記憶と知識を頼りに、周囲で起きていることを理解しようとします。そのため、人によっては、自分の息子を夫だと間違えたり、鏡に映っている自分自身のことがわからなかったり、自分がどこか、別のある場所にいると思いこんだりするのです。

●計画する、判断する、感情をコントロール（抑制）する

　これらのスキルはより高次なレベルとして獲得されるもので、成長過程の

最も後に発達するスキルです。私たちは、大脳皮質の前の方にあるこの部分、すなわち前頭葉が適切に機能しているので、私たちがしたいことについて計画を立てたり、私たちが行うことの結果を比較考慮して理解したり、抽象的に考えたり、さらには、私たちの行動が周囲の世界で受け入れられるように、あからさまな考えや感情を抑制し、コントロールしたりすることができるのです。大脳皮質のうち、この特定の部分が侵される、"前頭側頭型認知症"と呼ばれる特殊なタイプの認知症があります。

"前頭側頭型認知症"をはじめ、前頭葉が障害されると起きてくる状態には、以下のようなものがあります。

- 反復行動（常同行為、滞続※）
  注：同じ言葉や、同じ行動を繰り返すこと。（監訳者）
- 集中力が乏しい
- 計画性が乏しい／非効率的な行動
- （何が重要で、何がそうでもないか、といった）優先順位を決めることができない
- 一連のやるべきことの順序を決めることができない
- 他の人たちに対する配慮／関心がなくなる（無遠慮、傍若無人）
- 無謀で（結果を顧みない）衝動的な行動
- 無礼、粗雑
- （一般社会的な）ルールを破る
- 性的な抑制を失う
- 攻撃性

なお、脳血管性の認知症をもつ人たちの中には、この部分に障害がある人もいるため、同じような状態を示す可能性があります。

●統合された組織としての脳

ここまでは、大脳皮質それぞれのもつ機能や、特定の認知的な機能が障害を受けた場合には、認知症をもつ人にとってどんな重大な影響があるのかについての概略を、説明してきました。最後に、一つ述べるべき重要な側面は、

脳のこれらの異なる部分は、バラバラに独立して動くわけではなく、要するに、異なる部分が互いに一つの組織として連絡をとり合い共同して働くということです。

ですから、ある一つの機能が同じように行われなければ、組織の他の部分も影響を受けることになり、以下のような問題の原因となる場合があります。

- 混乱
- 幻覚症状
- 妄想
- 誤認：誤って理解する
- 誤信：誤って信じてしまう
- 今、あることが、過去の出来事を思い起こさせ、今起きているかのように思ってしまう

アルツハイマー病になると、老人斑やアルツハイマー神経原線維変化が、まず、側頭葉部から生じます。したがって、アルツハイマー病に罹患した人のための、初期の認知的支援のニーズは言語や記憶に関係するものとなります。その後時がたつにつれ、他の皮質の部位にまで拡がるため、その人は、身体の動きの協調、視覚処理や、計画、判断、感情をコントロール（抑制）することに関連した新たな認知的障害に対して、一層の支援を必要とするようになるでしょう。

脳血管性認知症では、脳のいろいろな部分での酸素欠乏による細胞死が起きます。脳内や脳への血管が閉塞されたり、破裂すると、細胞死が起きる可能性があります。脳血管性認知症は、決まったパターンをたどるわけではありません。細胞死は、ある期間を経て、数カ所の異なる部分で起きる場合があります。そのため、脳血管性の疾患には、個人差や突発性があり、このため、認知症における"段階を追って進展していく"仮説が、そのままあてはまらないのです。

認知症をもつ人のための認知的支援のニーズについて、覚えておくべき最も重要なことが3つあります。

- 経過によって、ニーズも変わる（解説：時がたてば、他の皮質にまで拡がるため、それに関連したニーズも変わるはずです）
- ニーズには大きな個人差がある
- ニーズは記憶に関するものだけには、決してとどまらない（解説：記憶に強く関連する、側頭葉から障害が始まったとしても、経過と共に、他の皮質に拡がるため、記憶以外にも、支援を必要とするものが出てくることは当然です）

2 認知能力の全体像を把握するための書式を使う

　この書式は、機能する必要のある認知的な働きのすべてについて、また、その人がどのくらい認知的な機能を発揮することができているかについて、認知症をもつ人とその援助者が、詳細に検討する時の、手助けとなります。そして、その人にきちんと合った支援の提供を可能にし、その結果、その人の障害による不自由さを軽減することが期待されます。例えば、ある物を認識することに苦労していることがわかれば、その人に物を差し出す時には、物の名前を伝えながら渡すこと、というスタッフに対する助言を含んだケアプランが出来上がるでしょう。

　この書式を使いこなすには、ある程度の時間がかかることでしょう。私たちが、全体像を把握しようとしている人は、自分が経験している認知障害について考えるために、支援を必要とするでしょう。また、援助者は、その人がどんな経験をしているかを、理解するために、よく観察をする必要があるでしょう。そのために、食べる、衣服を着る、他の人たちとコミュニケーションをとるなど、日々の活動に関わっている対象者を観察することが、最も有益でしょう。

　この書式には、5つの欄があります。

- 視覚処理
- 身体の動きの協調と認識
- 記憶

- ●コミュニケーション
- ●計画する、判断する、感情をコントロール（抑制）する

　それぞれの欄には、その人が何かしら、支援を必要としていることがあるかどうかを見分けることを目的とした、いくつかの具体的な表現が書かれています。それぞれの表現に関して、4つの選択肢がありますが、そのうちの一つにチェックを入れてください。

　4つの選択肢は次のような表現になっています。

- ●時々こういうことがあります
- ●こんなことはありません
- ●よくわかりません
- ●私の援助者に聞いてください

　それぞれの表現に関して、4つの選択肢の欄のどれか一つにチェックを入れてください。"時々こういうことがあります"の欄にチェックが入っているということは、認知的な支援のニーズがあることを示すものであり、これは**私のパーソン・センタードなケアプラン**にも転記すべきです。チェックが、"よくわかりません"あるいは"私の援助者に聞いてください"の欄に入れられている場合には、認知的な支援のニーズがあるかどうかを見極めるために、さらに調べる必要があります。この点についても、**私のパーソン・センタードなケアプラン**に記録する必要があります。必ず、その人の記録を見せてもらって調べてもよいかどうか、本人に尋ね、同意を得ることや、あなた自身でしっかり観察したり、あるいは、その他の援助者たちに助言を仰いでみることが、よい実践です。また、あなたにわかったことを、その人本人と共有し、そうすることが、その人や、その人のケアにとって、なぜ重要なのか説明することも、よい実践です。

● **視覚処理**

- **私は、私の前にあるものの一部だけが見えます**

　　全体像を把握しようとしている人が、その人の前にあるものの一部だけが見える場合には、食べる、洗顔する、衣服を着る、移動する、他の人たちと交流するなど、日常生活の行動のほとんどに関して、様々な障害が生じます。また、このような障害は、安全上の危険も招くことがあります。例えば、物にぶつかったり、つまずいたりする可能性があります。さらに、食事に出されたものの一部だけしか食べないことによって、栄養不足になるリスクも抱えることがあります。しかし、おそらくその人自身は、自分でこれを問題だとして、周囲の人に伝えることはできないでしょう。このような問題をもつ人の大半は、自分でこの問題を抱えていることに気づくことができません。彼らには自分の周囲の世界が、単に異なって見えているのです。その人が、自分の前にあるものの一部しか見えていない場合には、あなたが、しっかりと観察したり、その人と時間を過ごすことによって、あるいは、病院のカルテや、認知能力やその他のアセスメント記録に記載されている情報を調べることによって、わかるでしょう。

- **私は、他の人に見えないものが、見えます**

　　これは幻覚のことを指しています。幻視を体験している人にとっては、幻ではなく現実なので、「幻視があります」、と本人自ら言うことはおそらくないでしょう。しかし、他の人たちに信じてもらえないことがあったり、他の人たちこそ、ちゃんと見えていないんだ、と言うかもしれません。

　　幻視が、認知症のために起きていることもあります。幻視が、その人が現実であると信じきっているものの一部となる場合があり、どんなに説得しても、その人が信じきっていることを変えることはできないでしょう。最も重要なことは、幻視に反応してその人がおびえたり、不安を覚えたり、何らかの行動に駆り立てられることがあることです。私たちは、その人の想いや感じている気持ちを認め、わかろうとし、「役に立てることがあれば、何でもしたいし、そうしますよ」という誠意をもった働きかけをすべきです。その人が感じている世界をわかろうとし、その気持ちを尊重して働きかけることができれば、同時に、「あなたにとっての現実が、私たちの現実とは、異なって

いる」ことを、ありのまま伝えることができるでしょう。

　　ジェイムズの話を例にとってみましょう。彼は、"何か困ったことに巻き込まれている"のではないかと、とても心配になることが、時々ありました。彼は、自分の部屋に誰かがいたのを見たと言い、それらが何かしら、自分を追いかけてくる、と言うのです。彼の援助者は、「あなたの心配していることは、よくわかります。では、ジェイムズさん、あなたのお部屋に行って、今、誰かいるかどうか見てきましょうか？」と尋ね、彼の気持ちを聞いたうえで、実際に援助者はジェイムズの部屋に行って確かめ、今は誰もいなかったことを、誠意をもって伝えました。さらに、また、お困りのことがあれば、手助けしますよ、と伝えました。

- **私は、探しているものがすぐ前にあるのに、
  それを見つけるのに苦労します**
　　これはよくある認知的な問題です。不慣れな環境や、照明が不十分な環境に置かれたり、あまりに多くの人や物が視覚に入ってくるようなゴチャゴチャしている環境の中では、特にそうです。このような問題があると、その人が食事をしたり、朝に、衣服を着たり洗顔するなどの単純な作業を進めることができなくなることがあります。このようなことで困っていることを、本人が言うこともあるかもしれませんが、それはまれなので、私たちが、よく観察して、気づくように努力すべきです。

- **私は、日常的なありふれたものが、変なものに見えたり、
  何であるかわかりません**
　　これは、おそらく、本人から伝えられるのではなく、私たちの観察によって、気づくことになるでしょう。その人が、ヘアブラシ、ペン、コップなどを手にしている間、その人と一緒に時間を過ごし、それらを、その目的に適った使い方で使用しているかどうか注意して観察することによって、その人には、どのように見えていて、それによって、どのように困っているかを、見分けることができるはずです。視覚処理に困難がある人が、何か見慣れないものが目の前に見える時には、緊張したりおびえたりするのは、まれなことではありません。例えば、ピカピカに磨かれた青色の床が、水のように見えるた

めに、その人が、行こうとしている途中で、立ち往生してしまったり、その床に踏みこめなくなってしまうことがあるかもしれません。

● **身体の動きの協調と認識**

・**私は、誰かに促されないと、自分で衣服を着始めたり、脱ぎ始めたりすることが難しい**

　衣服を着ることや脱ぐことは、多くの日常の生活行動と同じように、"複数の段階やステップ"を踏まなければならない作業です。これは、一連の作業を最初から、最後までやりとおすためには、いくつかのステップを伴うことを意味します。その人にとって、一連のステップの最初を踏み出すことだけが、特に困難であるということは、珍しいことではありません。ですから、全体像を把握するプロセスの一環として、その人が最初のステップを踏み出せるように、少し、きっかけを作ってあげるなど促して、作業や日常生活の行動をすることができるかを観察してみてはどうでしょうか。これは、"今から、服を着ませんか？"というように、言葉かけでもって、勧めることもできるでしょうし、あるいは、身につけるもの（帽子・靴なども含む）を見せたり、ベッドの上に身につけるものを並べたりするなど、動作でもって、促すこともできるでしょう。促しによって、その人が最初の動作を始めることができさえすれば、残りの行動を最後まで、やり遂げることができる場合、最初の動作を始めることこそが、その人にとって、難しい壁だということが、はっきりわかるでしょう。

・**私は、誰かに促されないと、クローゼットやタンスから自分の衣類を選ぶことが難しい**

　その人が、自分で、自分の衣服を選ぶことが困難である理由はいろいろあるでしょう。単に、その人が自分の衣服があるところを見つけられないのかもしれませんし、いくつかあるものの中から選び出すことが、難しいのかもしれません。後者の場合は、まずは、二つのものを見せ、その中から選べるようにしてもらう必要があるでしょう。二つのものだけを見せてもらってもなお、その人が苦労する場合には、その人の人生歴や生活スタイルに関する情報を使って、あなたが代わりに決める必要があるかもしれません。

あるいは、視覚障害がある、あるいは、何を聞かれているのかをよく理解できないなど、他にも問題があるかもしれません。このようなことは、あなたが、全体像把握のためのパーソン・センタードなプロセスを進めていくうちに、明らかになってゆくはずです。

- **私は、自分の腕や身体のいろいろな部位を、うまく連動させて、使うことが難しい**

　自分で何かをやろうとしている時に、いろいろなことを言われたり、周囲でいろいろなことが起きたりすると、それらをうまくやれないことがあるかもしれません。そのような場合、洗顔して衣服を着るなどの活動を行うために最も効率的なやり方で、身体を動かし協調させることができないかもしれません。このような問題があると思われる場合には、その人がいっぺんに複雑な多くのことをやらなくてもよいように、一つひとつ段階を経るように工夫をし、その人の負担を減らしたり、周囲の騒音を制限することなどが重要となるでしょう。例えば、"まず、手を上げてください"というように"一つのステップ"に関する指示をするようにしたり、次に、動かす必要がある、身体の部位に触れたり、やさしく、ポン、とたたいたりすることができるでしょう。

- **私は、自分の腕や足の位置を、正確に把握し、動かすことが難しい**

　このようなことがある場合には、その人のために、あなたが手をとって動かしてあげる必要があるかもしれません。これは、身の回りのことを、自分でやろうとしている時、手取り足取り、という感じで、細やかな指示をし、その人が、適切に身体を動かすことができるようにするということです。このようにする時は、これからすることを、実況放送のように、順序立てて、詳細にやさしく、その人に話すという方法を取り入れると、うまくいくことが多いと思います。繰り返しますが、その人の周囲の騒音を最低限に保ち、一度に一つの身体の部位に限って取り組むなどその人が一度に多くのことをしなくてよいようにし、無理のない速度で進めましょう。

●記憶

- **私は、ついさっき見たばかりのことを思い出すのが難しい**

　　あなたが、全体像を把握しようとしている人が、家族の訪問や、見たばかりのテレビの番組や、書かれたメモの内容などを、しょっちゅう忘れる場合は、視覚的記憶が衰えている可能性があります。このような場合には、メモを書いておくなどの視覚にうったえる手がかりを使ったとしても、必ずしも役に立つ支援や介入にはならないということを知っておくのは重要なことです。

- **私は、たった今、言われたことを思い出すのが難しい**

　　会話の内容を忘れてしまうことは、その人の聴覚的記憶が衰えているサインです。この重要性を知っていれば、間違っても、今進めている**私のパーソン・センタードなケアプラン**に、「事前にご本人様に話して、しっかり覚えておいてもらいましょう」のような、その人にとって、無意味で、支援にならない、重要な計画が盛り込まれることを避けることができるでしょう。

- **私は、知っている人たちの顔がわからないことがある**

　　親しい友人や家族の人たちは、自分の顔を判別できないことが起きると、たいていの場合、私の愛する人は、もう自分たちのことがわからなくなってしまったと嘆きます。しかし、顔が判別できないことと、目の前の人が、その人にとって、どのような人かが、わからないかどうか、は別の問題です。こういう問題が起きる時によく見られることは他にもあって、それはその人が鏡に映った自分の像に、あたかも他の人であるかのように話しかけることです。

- **私は、ありふれた物を見ても、何であるか、認識することが難しい**

　　私たちが、ものを見たり、認識したりするように、その人が、私たちと同じように、見たり、認識しているとは限らないことを知ることが大切です。認知症をもつ人にとっては、例えば、ペン、コップ、時計などがよく知っているものとして、見えていないかもしれません。その人を支援する簡単な方法は、必ず、すべての物の名前を言いながらその人に手渡す習慣をつけることです。例えば、"早苗さんのペンです"、"伊藤さんのお茶碗ですからね"、"ジョンさんの時計ですよ"と声をかけることです。これらの言葉かけの一つひとつが、

ありふれた物を認識しようとして四苦八苦しているストレスを、和らげることでしょう。

- **私は、慣れている環境を認識することが難しい**

　"慣れているはず"の環境の中にいるにもかかわらず、今いるところがどういう所で、自分がどのような人間なのか、わからなくなることは、記憶障害のサインである可能性があり、認知的支援が必要になります。ここがどういう所で、自分がどこの誰か、ということを思い出すための何かを、必ずその人が持っているようにすることが、自分が暮らしている環境や地域の中で自分を見失うというリスクを抱えている人を支援する一つの方法です。

- **私は、自分のいるところのレイアウトを記憶するのが難しい**

　新しいレイアウトや配置を覚えられないというのは、おそらくよくあることです。このような人たちには、特別な支援が必要です。わかりやすい標識、手がかりや、色などを使って、新しく工夫されたり、デザインされている環境であれば、どこにいるのかわからなくなってしまった、という気持ちから起きるストレスや不安感を、実際に低減することができるでしょう。

- **私は、どこに物を置いたのかを覚えていることが難しい**

　物を失くすということはよくあることですが、イライラして、怒ってしまったり、ストレスを感じて、できることもできなくなるので、このようなことが起きているのなら、よくあることだ、と軽視せず、特記事項として、記入すべきです。認知症をもつ人たちが活発に、また落ち着いて過ごすためには、支援を提供することが重要なのです。

●コミュニケーション

　以下に、認知症をもっていることと関連がある、よくあるコミュニケーション障害のいくつかを簡単に説明します。支援をするためにあなたができるより広い範囲のことについて、より徹底した理解を深めるためには、Care to Communicate (Powell 2000) を読むことをお勧めします。

- **私は、話を始めるのが難しい**

　　人が、あまり話をしない、というだけで、何も話すことがないということを意味しているわけではありません。話のきっかけとなるような話題を振ったり、その人が関心をもちそうな、適切な問いかけをすることは、共に、その人が話し出すための支援となるよい方法です。あなたが、その人の人生歴をよく知っていればいるほど、その人にとってより意味のあるテーマ、話題、物、写真や絵などを活用できるという点で、より適切な支援が提供できるでしょう。

- **私は、同じ話を、ずっと繰り返して、止めるのが難しい**

　　時々、これは保続と呼ばれることがあり、ある種の言葉や、文章、身ぶりや手ぶり、または行動を繰り返すという意味です。その人は、周囲に何か変化が起きていても、お構いなく、ずっと話し続けますが、話を止めるためには支援が必要となるかもしれません。あなたが全体像を把握しようとしている人が、反復的に、長い期間、中断することなく話し続ける傾向があるならば、これは認知的問題である可能性があります。これが、その人にとって問題である可能性はないとしても、その人の周囲の人たちの反応が否定的なものになる可能性があります。この場合には、そのような反応からその人を守る方法を見つける必要があるかもしれません。

- **私は、人から話しかけられた時に返事をするのが難しい**

　　こういうことが起きる原因はいくつかあるでしょう。以下のような原因が考えられます。

> ●話しかけている人が、その人の処理できる能力をはるかに超えた、あまりにたくさんのことを、また、その人がついていけないような早口で言っているような場合
> ●問いかけに対して、返事をするのに、時間がかかることをわかってもらえず、返事をするための十分な時間を与えてくれない場合
> ●聞かれていることが、その人にとっては、答えることが、難しすぎる場合
> ●例えば、"明日の夕食後のデザートには、何を食べたいですか？　こちらが、メニューですよ"と言われるよりは、"今、食べるとしたら、プリンですか？

> それとも、アイスクリームがいいですか？"と聞かれるほうが答えやすいでしょう
> ●その人にとっては、うなずいたり、首を振る方法で、答えるほうが容易なのに、話しかけている人が、あくまでも、言葉での返答を求めている場合
> ●言葉が、十分に聞こえていない可能性
> ●言葉が、十分に理解されていない可能性

- **私は、自分で話していることの流れが途中でわからなくなる**

　これは、普通、多くのことで頭の中がいっぱいになっている時、あるいは、疲れている時、何かで注意が散漫になっている時には、私たちを含め、どんな人にも、起きることです。たいていは、今まで話していた内容を誰かがまとめてくれると、何を話していたかを思い出す手助けとなります。このような支援方法は、認知障害が原因で話の流れがわからなくなる人にとっても、役に立つことが多いでしょう。最も重要なことは、うなずいたり、視線を合わせながら（アイコンタクト）、コミュニケーションを続けることです。時々、話をまとめてあげると、その人が話の流れに戻れるように手助けできますが、それによって話の流れを中断しすぎる場合には、別の話題に切り換えて話を続けるほうがよい場合もあります。

- **私は、言いたい言葉を思いつかない**

　これもまた、時々、誰にでも起きることで、言葉を見つけるために助けてもらうと、多くの場合、問題は解決します。しかし、そうすることによってコミュニケーションの流れをあまりに中断したり、その人に自信を失わせるなら、いつまでも続けないほうがよいかもしれません。

- **私は、自分に向かって言われていることを理解するのが難しい**

　これを、その人が抱えているコミュニケーション上の困難さとして、私たちが気づいて、認識するのは、必ずしも容易ではありません。私たちが、全体像を把握しようとしている人が、テレビドラマの筋を追うことに苦労している場合や、グループで、話し合っている時に関心をもてなくなったり、話

を聞かなくなる場合は、話されている言葉の意味がわからなくなっているサインである可能性があるのです。その人自身、または、援助者であるあなたが、これをその人が抱えているコミュニケーション上の困難さであると認識する場合には、より容易なコミュニケーションをとる方法をその人に合わせて取り入れる必要があります。このための重要な支援方法には以下のようなものがあります。

●抽象的な言葉を避け、具体的な言葉を使う。例えば、"お花を見たいですか？"は、具体的な質問なので、"ガーデンセンターに、行ってみませんか？"と言われるよりも、ずっとわかりやすいでしょう。

●情報を要約して使う。要するに、長ったらしい話をするのではなく、簡単な要約や、要点を伝えることです。例えば、"娘さんから電話があって、遅くなってしまったけれど、車が故障してしまい、お友達が迎えに来てくれるのを待っているので、その後で子どもたちを迎えに行かなければならないので、お茶の時間まではこちらには来られないと、謝っていましたよ"と言うのではなく、"娘さんからお電話があって、あと1時間以内に見えるそうですよ"と言うほうが、わかりやすいでしょう。

●言葉の代わりに身ぶりや手ぶりを使ったり、身ぶり・手ぶりを交えて話すとよいでしょう。例えば、「こんにちは」や、「さようなら」と言いながら手を振ったり、「はい」と言う代わりに親指を上に向けたり、「いいえ」の代わりに親指を下に向けたりして合図するとわかるでしょう。（注：これは、英国の場合なので、日本では、さしずめ、「はい」と言う時に、大きくうなずいたり、「いいえ」の時は、大きく首をふるなどして、示せばわかりやすいでしょう）（監訳者注）

●計画する、判断する、感情をコントロール（抑制）する

・私は、自分のやりたいことに集中することが難しい

　　これは、"注意力・集中力"と関連があります。これらは、今取り組んでいることに集中するため、今関係ないものを、一時遮断しておく能力です。周囲の騒音や活動、あるいは、注意を散漫にさせる考えや感情などが、遮断する対象になるでしょう。注意力・集中力が、不十分な人は、自分がしようと

①後頭葉機能を支援するために

- 違う色を使って、物を区別できるよう支援する。薄い色の背景に濃い色の物、あるいは、濃い色の背景に薄い色の物など
- 物を差し出す時に、物の名前を言う
- 物を差し出す時は、目の高さで15–20 cmの距離で
- ピカピカの床張り材の使用を避ける
- 模様が多く複雑な床張り材を避ける
- 標準的な形の物や家具を使う
- 影ができないように、光を上に向けて当てる照明を使う
- 必要な物が視野に入るようにする
- 見えにくいエリア、あるいは、死角(盲点)に注意する
- 必要のない物を視野から除く
- 照明には特別の注意をはらう

②頭頂葉機能を支援するために

- 介助する時に身体の部位に触れ、部位の名前を言う
- 身体のケアをする前や、している間は、背中の真ん中の部分を軽く、ポンポンと手のひらでたたく
- 見るべき場所を、直接見ることができるよう支援する
- 衣服を着たり、洗顔を最後までできるよう支援する
- 快適で安全な身体の姿勢を維持できるよう支援する
- 支援する時は、ゆっくり行う

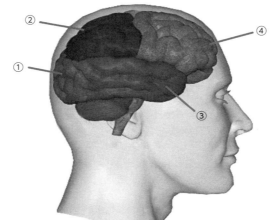

①後頭葉
視覚処理

②頭頂葉
身体の動きの協調、身体的経験の統合

③側頭葉
言語や言葉の聴覚処理、情報や記憶の"保存ボタン"

④前頭葉
計画する、判断する、感情をコントロール(抑制)する

③側頭葉機能を支援するために

- くつろいだ肯定的な方法で、必要ならば何回でも情報を繰り返して伝える
- テレビやラジオの実況放送のように説明しながら介助する
- わかりやすく具体的な言語を使う
- 蓄積されているその人の記憶についてなるべく多くのことを知る
- 言語的、非言語的で"安全な"合図を送る
- 周囲の環境に、場所、時刻、季節を知らせるヒントとなるものを置いておく

④前頭葉機能を支援するために

- 「計画を立てる」についての支援
  → 今日/明日、する必要があることについて話す
- 懸念される問題について話す
- 「判断する」についての支援
  → (こうすれば、こうなるだろうといった)選択した行動に関して、予想される結果について話す
- 「感情をコントロール(抑制)する」についての支援
  → 明確な、言語的、非言語的な合図、主旨、返事を送る

図7-2：認知機能を支援するために、誰もが実践すべき取り組み

試みていることに集中し続けることに、とても苦労するでしょう。例えば、その人が何かを取りに行くつもりであっても、"途中で"注意をそらされると、その後はまったく別の活動や作業を行おうと試み、結局、これを一日中繰り返すことになる場合があります。最終的に、その人が、あまりに疲れすぎたり、歩きすぎて足が腫れてしまうなどの体に何か悪いことが起きたり、気分を害されたり、人と交われなくなったりすることが、ない限り、直ちに、問題になるわけではありません。ただ、その結果、食事や最低限必要な薬が飲めないなど、その人が健康に生きていくために大切なことができなくなったり、周囲と関わらなくなったりする場合には、援助者が、この認知的な障害を支援したり補う必要があるかもしれません。

- **私は、前もって計画を立てることが難しい**

　前もって計画することは、多くの場合、認知症をもつ人々が支援を必要とする活動です。これは、特別なお祝いをする日や、誕生日や、クリスマスのプレゼントやカードを計画・準備することのような大きなことだけではなく、何を着るか、何を食べるか、いつ寝る準備を始めるかなど、それほど大きなことではないけれど、同じように重要な日々のことと関係している場合があります。

- **私は、何か新しいことを習い覚えるのが難しい**

　ただ買っただけで、一度も使われていない電子レンジや、新品のテレビ、オーディオ機器などの類のものが、いったいどれだけ、家の中にあるでしょうか？

　年老いた家族を支援し生活しやすくするために、彼らの家族はこれらの物を買うのです。しかし、実際は、気のきいた新製品を使用するためには、人はどのように操作するかを学ばなければなりません。これは新しいことを学習するということであり、認知症をもつ人にとっては難しいことです。

　新しいことを学ぶことが困難であったり、無理である場合には、その人が何も新しいことを学ぶ必要を感ずることなく、確実に日々の生活を安全に、快適に、楽しく過ごしていけるように、援助者がより積極的に努力する必要があります。ですから、援助者は、新しいことを学習することが問題であるかどうかを知る必要があるだけではなく、新しい学習を要する状況を認識し、その人がそのような状況を避けたり、乗り越えることができるように、その人の代わりに行動する必要もあるのです。

- 私は、何かを達成するためにとるべき行動を始めることが難しい

　　話すことと同じように、これは明確な認知障害で、このために多くの場合、その人が何もしたがらない、あるいは、何もできないと判断されてしまうことになってしまいがちです。動作や活動を始めることが困難な人は、その人の代わりに行動を始めさせてくれる、誰か他の人や物を必要としているのです。援助者は、言葉でもって励ましたり、あるいは、触れたり、身ぶりのような非言語的な促しをすることによって、さらには、その人が髪をとかし始められるようにブラシを渡したり、体を洗い始められるように小さな浴用のタオルを渡したり、活動に関係のある物を渡すことによって、支援することができます。

- 私は、自分がしていることを止めるのが難しい

　　話を止めることに関連して、この章のコミュニケーションの項で、すでに、"保続"という言葉について述べましたが、同じことが、何かをすることに関連しても起きることがあり、その人が同じことを何回も何回も繰り返して、やり続ける原因となることがあります。歩くこと、物を拾い上げること、前後に体を揺することは、認知症をもつ人たちが反復的に行う一部の行動です。これもまた、もしその人自身に害やよくない状態を与えているのであれば、これが問題であると考える必要があります。この例としては、その人が、動作や活動を止めずに続ける結果、脱水症状になったり、疲れきってしまう場合、あるいは、他の人たちを怒らせたり、激しく殴りかかったりさせる原因となる場合などが、考えられます。その人に害が生じた場合には、これをニーズとしてとらえ、この点をパーソン・センタードなケアプランにニーズとして書き留める必要があります。

- 私は、自分の感情をコントロール（抑制）することが難しい

　　これは、前頭葉に障害がある人に、起きることがある問題です。これは、その人が、もともと礼儀正しく控えめな性格の人なのに、怒ってばかりいたり、乱暴な口を利く人に変わったように思わせる原因となることがあります。誰でも、幅広い範囲におよぶ様々な感情を経験することがあり、これはまったく人間的で、正常なことであり、中には極めて強い感情を経験することもあるでしょう。しかしながら、前頭葉に障害がなく、ちゃんと機能していれば、これらの感情を巧みに対処してくれます。私たちは、自分の感情を表す

べきかどうかについて判断することができます。そして、言動の予想される結果を知ることもでき、また、同じ感情を以前に味わった時はいつだったか、そして、そのような感情にどう対処してきたのかを思い出すこともできます。これらすべての認知能力が、私たちが自分の感情をコントロールする（抑える）ことが、できるようにしているのです。すでにこれらの能力を容易に使えなくなっている人は、より衝動的に行動をとり、よりあらわに、強い感情を表に出すかもしれません。

- **私は、自分の衝動をコントロール（抑制）することが難しい**

　　今述べたことと同様に、前頭葉に障害を受けると、"今のことしか考えない"原始的で粗野な行動に逆戻りしてしまいます。言い換えると、衝動的に、後先を考えることなく、行動してしまうようになってしまうのです。私たちが見てきた例としては、暑ければ衣服を脱ぐ、両手いっぱいの食べ物を食べ、空腹なら、他の人たちの食べ物を食べることもある、おびえたり、混乱している時には、激しく殴りかかることなどがあります。

3　認知能力の全体像を知ろうとする作業から、ニーズを探り、それがその人のニーズにマッチしているかを再考し、それを文書にする

●ニーズを明らかにする

　　認知的な支援のニーズを明らかにするために必要とされる作業の大半は、この全体像を把握するプロセスを進める間に、すでに済んでいると言ってよいでしょう。この全体像把握のためのシートの、"時々こういうことがあります"、"よくわかりません"、あるいは、"私の援助者に聞いてください"という表題の欄にチェックを入れた場合には、**私のパーソン・センタードなケアプラン**にも、これをニーズとして、そのまま書き留める必要があります。その人が、"よくわかりません"、あるいは、"私の援助者に聞いてください"、と言っている認知的な作業や活動については、さらに考慮を要するので、こ

の点についても、**私のパーソン・センタードなケアプラン**に書き留める必要があります。

　その人の、認知的能力や支援のニーズの全体像の把握を終えたら、**図7-2**を使うと、支援となる援助者のすべきことを確認するために役に立ちます。しかし、それぞれの人に関して、認知障害を非常に正確に、厳密に指摘することは困難なので、彼らを支援するためには、ケアにたずさわる人たち全員が協力して取り組むことを、強くお勧めします。これには、ケア施設の一人ひとりの職員が、認知的な支援のニーズがある人たちのケアにたずさわる時には、**図7-2**に記述されている取り組みを"認知機能を支援するために、誰もが実践すべき取り組み"として受け入れ、行うことが求められます。この取り組みは、ケアにたずさわる人たちにとって、標準的で、日常的な仕事のやり方になり、一人ひとりの認知症をもつ人に対して、いつでも、適用されるべきである、という意味です。このような取り組み方を行うことの意義は、支援が必要な人たちに対して支援を提供するだけではなく、支援を必要としない人たちには、それが害や不快さを与えないということにあります。

　周囲の世界を私たちとは異なった世界として経験している人を支援するために、何よりも重要な原則は、その人が経験していることを、そのまま受けとめ、信じるという原則です。これは、その人が経験していることは、その人にとっては事実であると、援助者が、相手の世界を認め、信じることです。この原則をもってすれば、それぞれの人にとっての現実が異なっていても、援助者が、その人の感情を尊重し、理解しようとすることが可能になるはずです。例えば、その人が幻覚を体験している場合に、これは、とりわけ重要になります。その人には、どう見えていて、その人はどう感じているかを確かめて、それに働きかけることが、認知的な支援になるのです。

●ニーズを文書にする

　認知的な全体像に関連するその人のニーズを確認したならば、次は、現場で実際に使用する、3つの書式に書き留める内容に、これらのニーズを反映させる必要があります。

●全体像のサマリーシート

●鍵となる重要な情報シート
●私のパーソン・センタードなケアプラン

- **全体像のサマリーシート**

　　全体像のサマリーシートの、6段目の欄に、全体像を把握している間に明らかになった認知的な支援のニーズを丸で囲む部分があります。

- **鍵となる重要な情報シート**

　　"私のニーズを満たすために、連絡を望む可能性がある人たち"の欄を使って、その人のケアの中心的な担当者、神経科医、老年専門の心理士、作業療法士、言語聴覚士、その他の専門家など、その人のケアの認知的な側面に関わってきた人たち、あるいは、現在、関わっている人たちの名前を記入してください。

　　鍵となる重要な情報シートの中で、他に重要な欄は、シートの一番下にある、"私のケアに関わる人たちに知っていてもらいたい重要な情報"という表題がついている欄です。繰り返しになりますが、認知能力の全体像を把握している間に、その人が他の人たちに知っていてもらうことが非常に重要だと思っていることが出てきた場合には、この欄に記入することができます。これは、その人に情報を伝える時には、繰り返して伝えてもらう必要があること、あるいは、選択肢は特別な方法で提示してもらう必要があることなどに関連する情報である可能性があります。

- **私のパーソン・センタードなケアプラン**

　　最終的な産物である**私のパーソン・センタードなケアプラン**は、人生歴、今までの生活スタイルとこれからの生活に望むこと、性格傾向、心と体の健康、何かをする潜在的な能力、認知能力、今まさに生きている人生に関連して行う全体像を把握するためのあらゆる作業努力から引き出されるものです。この書式には、3つしか欄がありません。左側には、"私のニーズは"という表題の欄、真ん中には、"私の援助者は"という表題の欄があり、右側の欄は、見直しをする日付を書き入れるための欄です。

　　私のパーソン・センタードなケアプラン作成のこの段階では、認知的支援

に関する課題から生じるニーズと関係のある、"私のニーズは"という表題の欄にのみ記入すればよいのです。認知能力の全体像を把握するために実際に利用された書式から、あなたがこの欄に書き留めることが考えられる例をいくつか選んで、以下に挙げます。

私のニーズは……

私の視覚的処理の支援として…

- 人々や物を私の左側の視野に入るようにしてもらいたい
- 私に物を渡す時は、その名前を言いながら渡してもらいたい
- あなたに見えない物が私に見える時には、それを信じてほしい

身体の動きの協調や、身体的な経験を統合する支援として…

- ある場所から別の場所に移動しようとしていたり、移動している最中には、（行動を促すように）背中の真ん中を軽くたたいてもらいたい

私の記憶障害を補うための支援として…

- 私がよく知っている人たちでも、私に話しかける時は、そのたびに、私とどういう関係にあるかを教えてもらいたい

私が、衝動を抑制することが困難であるという理解をもって…

- 周りの人たちから、してもよいこと、するべきではないことについて、はっきり伝えてもらいたい

まとめ | 第7章

- 認知症をもつ人たちへのケアを提供するうえで、認知的支援に対する部分は、十分理解されずに、現在に至っています。

- 大脳皮質は、私たちが生まれてから、学習すべきすべてのスキルを習得する機能を担っています。認知症は、主にこの大脳皮質の障害をもたらします。

- これらのスキルには、視覚処理、身体の動きの協調や身体的経験の統合、聴覚処理、言語と記憶、より高度の知的機能、推論する、計画する、判断する、感情をコントロール（抑制）することが含まれます。

- 認知症をもつ人は、これらのスキルについて支援を必要としている可能性があります。

- 認知症をもつ人のための認知的支援のニーズについて知ってもらいたい、3つの最も重要なことは：
    - ニーズは、時がたつと変化する
    - ニーズには、非常に個人差がある
    - ニーズは、記憶に関することだけでなく、必ず、他のこととも関係がある

- 認知能力の全体像を把握するプロセスには、その人が支援を必要としているのは、どのスキルであるかを見極めることが含まれています。

- パーソン・センタードなケアプランには、認知障害が原因で起きている困難を減らすために、援助者が、とるべき実際に役立つ手段が含まれています。

第8章

今まさに生きている人生

Life at the Moment

この章は、全体像を把握するためのプロセスを論じる最後の章です。この最後の章は、その人が、今この時をすばらしいものとして過ごすか、逆に、その日一日が台無しになってしまうかどうかを左右しかねない重要な章であり、今まさにどんな経験をしているのか（今、この時、この場所で、どんな人生の時間を過ごしているのか）に関連した課題を探るための重要な章です。プロセスの最終部分とはいえ、これは極めて重要な章です。認知症をもつ人たち自身が語っていることや、私たちが観察してきたことから、その人たちの「今まさに生きている人生」（今、この瞬間、この時、この場所でどんな経験をしているか）の質は、周囲の人や社会的環境を、その人がどう"実感"しているかによって深く影響されるということを、私たちは、知っています。

　あなたが私たちにどう接するかが、病気の進行に大きな影響を与える。あなたの接し方によって、私たちは人間らしさを取り戻し、自分たちはまだ必要とされている、価値のある存在なのだと感じることができるのだ。「人間は他人を通して人間になる」というアフリカのズールー族のことわざがあるが、これは真理だと思う。私たちに自信を与え、抱きしめ、励まし、生きる意味を与えてほしい。（『私は私になっていく――認知症とダンスを』クリスティーン・ブライデン、馬籠久美子・桧垣陽子訳、p.167）

誰にとっても、孤立感、不満感、混乱、挫折感、恐怖感が無視されている世界は耐えられないでしょう。
　今でも、認知症をもつ人たちは自分の考えを主張できないという、時代後れの偏見があります。しかし、これが事実ではないことが、以下に引用する、アルツハイマー病をもつ人自身の発言によってもわかります。

　それは、あたかも、あなたはよだれを垂らして居眠りしていますね、それがアルツハイマー病です、だからあなたはもうおしまいです、と言わんばかりです。それがアルツハイマー病のイメージです。でも、私たちはみんなで、ここに座ってまったく普通に話をしているんですよ。アルツハイマー病の一種にかかっていますが、居眠りしたり、よだれを垂らしてなんかいません。（認知症を抱えて生きる人の声から）［アルツハイマー病協会（Alzheimer's Society, 2008, p.45）］

今まさに生きている人生の全体像を把握するための書式の最初の欄は、その人が、今、まさにどういう人生を生きているかについて、その人自身が、語ったり、また、その人にとって大切な人たちが、その人に代わって語ってくれることを書き留めるためのものです。私たちが全体像を把握しようとしているその人自身が、今まさに生きている人生（今過ごしているこの時）をどう感じているかについて語ってもらうように促すことがよいでしょう。家族や友人のような代弁者からの意見も、その人が実感していることを伝えていることの補足として、この欄に書き留めることができます。

　その人が"実感"していることをわかろうとする努力を何もしないで、プランを作成しケアを実行すると、結果としてその人を物扱いする（人権をもった一人の人として扱わない）ケアを実践することになりかねません。この書式は、援助者が、ケアを受けることになる人自身に意見を聞き、また、その人が伝えようとしていることに耳を傾け、その人自身の関わりを得ながら、その人と共にケアプラン作成の取り組みを進めてゆけるように、援助者を支援するために考案されたものです。
　人と人とが関わりをもつ、"社会心理学"的な要素は、パーソン・センタードなモデルを構成している要素の一つであり、認知症があることによってどういう経験をしているか、に非常に大きな影響を及ぼしています。そして、この確信が、パーソン・センタードなモデル全体の中心的な骨格をなすものです。これは、その人が、どの程度まで、よい状態、または、よくない状態を経験しているかは、結局のところ、今、生きているこの瞬間、この場所を本人がどう実感しているかに、大きく左右されるものであるということを意味しています。すなわち、その人の認知症がどのくらい"重度か（進行しているか）"よりも、その人の実感していることのほうが、はるかに重大な影響を及ぼしているのです。心の中に、孤立、不満、混乱、挫折、恐怖を抱きながら、生活をさせられれば、実際によくない状態となり、それは、その世界で機能すべき身体的な健康状態や能力を、渦のように巻き込んで、奈落の底に貶（おとし）めてしまう、という事態になります。
　私たちは誰もが人生の中で、心の中によくない感情が残るような不快な出来事を経験しますが、認知障害のない私たちは、否定的な感情を処理することができます。認知障害のない私たちは、そのような不快な状況の中で行動

をとり、状況を変えたり、状況から離れたり、その後、その状況について話したり考えたり、良識を使って、起きた出来事をあきらめて受け入れ、理解し、前に進むことができます。認知症をもっているということは、この重要な"処理過程"がうまくいかなくなったり、妨げられたりするために、結果として、よくない感情がその人の心の中に残り、そのことによって、さらに自分自身が傷ついてしまうリスクがあることを意味します。

　私たちが、今まさに生きている人生をどう実感するかは、つまるところ、私たちと他者との人間関係の質によって大きく左右されます。言い換えれば、どの程度まで、私たちが社会的に関わり、受け入れられているか、そして、私たちが周囲の世界と、大体どれぐらい関わりがあるか、あるいは、関わりがないかによって、今の生活について実感していることに、大きな差が生じることを、私たちの誰もが知っています。

　パーソン・センタード・ケアを発展的に向上させるために、援助者たちが共に取り組むにあたり、その考察の助けとなるよう、私たちは、次に示す**図8**に描かれているキットウッドの花の絵を使っています。

図8：心理的ニーズを表すキットウッドの花の絵

　この花には5枚の花びらがあり、花びらの一つひとつが心理的ニーズを象徴しています。これらの5つの心理的ニーズは以下に挙げる通りです。

- くつろぎ（やすらぎ）
- たずさわること
- 愛着、結びつき
- アイデンティティ（自分が自分であること）
- 共にあること

今まさに生きている人生の全体像を把握するための書式の二つ目の表題は、"私の心理的ニーズ"です。この欄は、あなたが全体像を把握しようとしている人のニーズがどの程度まで満たされているかを、あなたと、対象者自身が共に探る助けとなるよう考案されています。このモデルは、認知症ケアマッピング※の研修を修了した人たちが使っているもので、これは、ケアに依存せざるを得ない人たちが、援助者たちが実践するケアによって、総合的にどんな経験をしているのかというケアの全体的な質を知るための観察法です。この観察法は、心理的に強力な支えとなる環境が、認知症をもつ人たちにどんな効果をもたらすかについて、援助者たちの意識を高める助けとなります。

　パーソン・センタードなケアプランを作成するために、今まさに生きている人生の全体像を把握するための書式と併用することをお勧めしたい、3つ目のツールがあります。これは、ブラッドフォード式よい状態のプロフィール（the Bradford Well Being Profile）（Bradford Dementia Group 2008）というブラッドフォード大学認知症ケア研究グループが出版したもので、同グループから取得することができます。数年間をかけて開発されたもので、援助者たちが、そのケアを担当する利用者たち一人ひとりのよい状態を継続的に観察・追跡することができるように考案されています。このツールは、パーソン・センタードなケアプラン作成のプロセスに活用することができ、その他にも、パーソン・センタードなケアプランが、どれほどのよい効果をあげているか、あるいは、効果がないのか、ある期間にその人がどのように暮らしているのかを、継続的に追跡する方法としても使うことができます。

※認知症ケアマッピング（Dementia Care Mapping=DCM）
　ケア現場にいる、認知症をもつ人たちを観察することから、ニーズを探り、それが満たされているか、否かを評価、記録し、本人を取り巻く文化、環境をよりニーズに即したものへと変革するためのツール。トム・キットウッドにより考案され、世界の10数カ国で使用されている。使用にあたっては、決められたコースを受講する必要があり、日本でも受講することができる。

　お問い合わせ先は、認知症介護研究・研修大府センター（TEL 0562-44-5551、FAX 0562-44-5831）および、NPOシルバー総合研究所（TEL 03-6206-2596、FAX 03-6701-7509）。（監訳者注）

1 今まさに生きている人生の全体像を把握するための書式を使う

● **ここでの暮らしについて、私が実感していること**

　その人が今の自分の生活をどんなふうに思っているかをとらえるために、わざわざ、それなりの場を設けて、尋ねることが最善だと思われる時もあるでしょうし、そのような場までは必要がないこともあるでしょう。その人にとって最も適しているのは、どういう方法かを決める必要があります。要は、その人その人にとって、どのように聞いたほうがよいかを考えて、決める、ということです。場合によっては、"聞き取り"形式の時間と、形式ばらないおしゃべりを組み合わせた方法がうまくいくかもしれません。しかし、ここで忘れてならないのは、非常に多くの場合、満足感や不満感についての最も率直で、重要な表現は、打ちとけた会話をしている時に聴き出せるということです。その人の周囲で、あるいはその人自身に直接起きていることについて、満足感や不満感を表すために、その人が言っていることや、していることで、重要なことは、その人の同意を得て、この欄に書き留めるべきです。特に、援助者が対応し、改善することが可能なことは、何でも書き留めるべきです。打ち解けた話をする時のように相手が、ストレスを感じることなく自然に話せ、こちらも先入観に基づく決めつけをしない態度で、コミュニケーションをとるためには、一種の職人芸に似た芸術的な"匠のわざ"が必要かもしれません。あなたが、コミュニケーションのスキルを向上させることに関心や意欲があるなら、「コミュニケーションと話し合い：スタッフと認知症をもつ人たちが共に考える、サービス向上のための取り組み」（Communication and Consultation：Exploring Ways for Staff to Involve People with Dementia in Developing Services, Allan 2001）を読むことをお勧めします。

　一般的な満足感について、その人自身から話を聞こうと思えば、そのことをしている時に聞いたほうがよいでしょう。そして、何をしたか（事実）を聞くよりも、どんな気持ちがしたか（感情）を聞くことのほうが、ずっと大切で道理に適っています。例えば、その人が食べ物に満足しているかどうかを知りたい場合には、食事をしている時か食後すぐに、尋ねるべきです。何

を食べたかではなく、むしろ食べ物の味はどうであったかを尋ねるべきです。風味や、口当たりはよかったか、十分に温めてあったかなどについて、意見を求めるべきです。建物、人々、提供されているケアについての満足度を探るためにも、同じ原則を適用します。あなたが使う言葉は、一人ひとりの人に合うように変える必要がありますが、以下に、その人と共に探ったらよいと思われる話題を挙げます。

- ずっとこれから先、ここにいようと思いますか？
- 昼間や夜中など、暑かったり、寒すぎたりしませんか？
- ベッドの寝心地はどうですか、悪くありませんか？ イスはどうですか？
- 一人でいる時でも安心して過ごせますか？ 他の人たちと一緒の時はどうでしょう。
- スタッフの人たちのことは気に入っていただいていますか？ 嫌な人はいませんか？
- 他の利用者様はどうですか？ 苦手な人はいませんか？ 好きな人はいますか？
- 外から入ってくる新鮮な空気や日の光は、ちょうどいい加減ですか？
- ここの家具や、敷き物は、どうでしょうか？ 気に入っていただけていますか？ 困ることはありませんか？
- みんながあなたに話しかけてくる話し方は、嫌ではありませんか？ いい具合ですか？
- ここで出される食べ物の味はどうですか？ ちゃんとあなたに合っていますか？ 嫌なことはありませんか？
- 昼間や夜など、おなかがすいたり、喉が渇いたりしませんか？
- 着ているものは、ご自分の気に入っているものですか、嫌なことはありませんか？

あなたが全体像を把握しようとしている人が、あなたの言っていることがすぐにわからなかったり、理解するのに苦労している場合や、逆に、あなたがその人の言っていることを理解できない場合には、家族や代弁者の協力を得る必要があるでしょうから、その人の代わりに他の人たちが言っていることを書き留める欄が右側に設けてあります。

●私の心理的ニーズ

　　　この書式のこの部分は、その人にとって十分に満たされていないニーズを確認して、満たされていないニーズや、対応が十分されていないニーズがあれば、パーソン・センタードなケアプランに、反映され、適切に書き込まれることを目的として設けられています。心理的ニーズについて話しかける時は、穏やかに、また、その人が気持ちよく、うまく対処できるように、配慮のこもった方法で取り組まなければなりません。その人が今の生活をどう思っているか（心理的にはどのようなものであるか）についての総合的な"感触"を得るために、観察だけではなく、あなた自身の判断も使い、また、あなたが話を聞いてきた他の人たちから得た情報も用いる必要があるかもしれません。私たちの経験では、その人と直接に話して聞き出す時には、"くつろぎ（やすらぎ）"、"たずさわること"、"愛着、結びつき"、"アイデンティティ"、"共にあること"という言葉を実際に使ってもあまり役に立ちません。以下の質問のように、もっとわかりやすい他の言い方を使うとよいでしょう。

くつろぎ（やすらぎ）

- ●ここであなたは、ここの人たちに愛され、大切にされていると思えますか？
- ●ここであなたは、心の底から、安心して過ごせますか？　それとも、何かしら心配になってしまいますか？
- ●今いる、ここは、そんなに寒くないですか？
- ●今、どこか痛いところはありませんか？
- ●ここで、ゆったりとくつろげますか？
- ●あなたが、ここで気が動転したりする時は、周りの人たちは、どんな反応を示しますか？
- ●何か心配なことが起きたり、気が動転した時は、どこか行けるような、安心できる場所はありますか？　また、そんな時、話を聞いてくれる人はいますか？

たずさわること

- ここで、退屈なことはありませんか？
- ここでは、まあまあやることがあって、忙しいですか？
- これはやりたいと思うことが、何かありますか？
- やりたいことをしているのに、止めさせられたことがありますか？
- いつでも手に取ったり、見たりできるように、自分のすぐそばに置いておく必要がある、何か特別な物がありますか、写真とか、本とか？
- あなたご自身が、まだまだ人のために何かができるし、元気なんだ、と感じることができるように、何か私にできることはありませんか？

愛着、結びつき

- お父さんやお母さんのことを考えたりしますか？
- なつかしく、会いたいなぁと思う人たちがいますか？
- そんなことを考える時は、どうしていますか？　何かそのためにすることがありますか？
- 思い出の中で、いつも思い続けている特別の人は、いますか？
- ここに、特別な存在のお友達がいますか？
- いつも、持っていたり、身につけていると安心する特別な持ち物がありますか？

アイデンティティ（自分が自分であること）

- ここでは、周りの人たちが、あなたのことを本当に知っていると思えますか？
- 今、着ている服は、（他の人のものや、施設のものではなく）あなたのものですか？　気に入ってますか？
- あなたにとって特別な持ち物を、ここに持ってきていますか？
- ここの人たちは、あなたのユーモアのセンスをわかってくれますか？
- ここの人たちは、あなたの家族のことや、あなたの人生の中で特に思い出深い事がらを知っていますか？

共にあること

- あなたはここの人たちに、好かれていると思いますか？
- ここの人たちは、活動とか、活動のようなことを何かしていますか？
- ここの人たちは、何かする時に一緒にしましょうと誘ってくれますか？
- ここの人たちと一緒に、何かをしたいと思いますか？
- ここで、自分は仲間はずれにされていると感じることがありますか？
- ここでは、自分もみんなと一緒の仲間だと思えますか？

2 今まさに生きている人生の全体像を知ろうとする作業から、ニーズを探り、それがその人のニーズにマッチしているかを再考し、それを文書にする

●ニーズを明らかにする

　今まさに生きている人生に関連しているニーズとは、生活の中で不満の原因となっている問題や、十分に満たされていない心理的なニーズに関連しているものです。全体像を把握するプロセスを進めている間に表されたどんな不満も、それを正す目的で注意深く検討する必要があります。例えば、食べ物が好みに合わないということが、不満である場合には、食べ物を楽しむということを、ニーズとして、パーソン・センタードなケアプランに転記する必要があります。"ほとんど満たされていないか、最低限"や、"まったく満たされていない"の欄に、チェックが入れてある心理的ニーズはすべて、ニーズとして転記する必要があります。これらの欄にチェックが入っていない場合には、"まあまあ、あるいは、時々満たされている"の欄を調べ、この欄のニーズを、パーソン・センタードなケアプランに転記するべきです。

●ニーズを文書にする

　今まさに生きている人生の中での経験をより満足できるものにするため

に、その人のニーズが確認できたら、次には、現場で実際に使用する3つの書式に書き入れる内容に、これを反映させる必要があります。

> ●全体像のサマリーシート
> ●鍵となる重要な情報シート
> ●私のパーソン・センタードなケアプラン

- **全体像のサマリーシートケアプラン**

　　今まさに生きている人生についての、**全体像のサマリーシート**の一番下のこの欄は、すぐに対応すべき重大な事がらを記入するための欄です。記入するこれらの事がらは、より広い範囲のケアチームに共有されれば、より確かに満たされると考えられる、重要な、あるいは、重大なニーズのことです。例えば、その人が、日頃から、仲間はずれにされていると感じていたり、誰かがいないことを非常に寂しく思って苦痛を感じているような場合です。

- **鍵となる重要な情報シート**

　　"私のニーズを満たすために、連絡を望む可能性がある人たち"の欄を使って、その人の今まさに生きている人生の質をよいものにするために重要な人の名前を記入してください。これは、家族や友人、また、ケアチームの一員である場合があります。**鍵となる重要な情報シート**の中で、その他に重要性をもつ欄が、シートの一番下にある、"私のケアに関わる人たちに知っていてもらいたい重要な情報"という表題の欄です。繰り返しになりますが、今まさに生きている人生の全体像を把握している間に、その人が、他の人に知っていてもらうことが重要であると思っていることが出てきた場合には、それをこの欄に書き留めることができます。これに該当することとしては、ケア施設の中で重大な不満感の原因となっていることや、最近起きた肉親との別れ（死別など）や、喪失体験などが考えられます。

- **私のパーソン・センタードなケアプラン**

　　最終産物である、**私のパーソン・センタードなケアプラン**は、人生歴、今までの生活スタイルとこれからの生活に望むこと、性格傾向、心と体の健康、何かをする潜在的な能力、認知能力、今まさに生きている人生に関連して、

全体像を把握するための過程で行う、あらゆる努力から引き出されるものです。**私のパーソン・センタードなケアプラン**の書式には、3つしか欄がありません。左側には、"私のニーズは"という表題の欄、真ん中には、"私の援助者は"という表題の欄があり、右側の欄は見直しをする日付を入れるための欄です。

　私のパーソン・センタードなケアプラン作成のこの段階では、今まさに生きている人生に関する課題から生じるニーズを、"私のニーズは"という欄に記入すればよいのです。以下に、今まさに生きている人生の全体像を把握するための書式から、あなたがこの欄に書き留めることが考えられるいくつかの例を挙げます。

私のニーズは……

- 夜は、暖かく過ごしたい
- 社会的な活動をする輪の中に、招き入れるようにしてほしい
- いつでも、ハンドバッグを身近に置いておけるようにしてほしい
- 時々、妻のことを話すことができるように、彼女のことを思い出せるようにしたり、会話の糸口を作ったりして、支援してほしい
- 私の子ども時代のことを、ここにいる他の人たちにも知っていてほしい
- 編みかけの編み物を、どこに置いたか忘れるかもしれないので、見つけ出してもらったり、毎日、ちょっとはそれがやれるようにその気になるようにしてもらったり、やるのを支援してほしい

まとめ　第8章

- 認知症と共に生きている人たちだけでなく、私たちの今まさに生きている人生の質は、周囲の人たちがどう私たちに接するか、また、今、暮らしている社会的環境を私たちがどう"実感"しているかによって深く左右されます。

- 生活の質の全体像を把握する一つの方法は、くつろぎ（やすらぎ）、たずさわること、愛着・結びつき、アイデンティティ（自分が自分であること）、共にあること、に関する心理的ニーズを考えてみることです。

- 今まさに生きている人生の全体像把握のためのプロセスは、その人が、今、ここでの生活にいったい、どれぐらい満足しているのか、また、どの程度まで、心理的ニーズが満たされているかを検討するための枠組みを提供しています。

- 「パーソン・センタードなケアプラン」は、十分に満たされていない心理的ニーズに対して、援助者たちが取り組むべき明確な行動を示し、その人が、今感じている体験をよりよくするためのものです。

第9章

パーソン・センタードな ケアプランを実行し、 見直しをする

Inplementing and Reviewing
the Enriched Care Plan

この章は、パーソン・センタードなケアプラン作成のためのよい実践のガイドの最終章で、全部で9章ある中で最も短い章です。ケアプランを、どこまで十分に実行し、見直しをするかは、あなたの働く組織の中でこのプロセスの価値が、どこまで認められ、重要視されているかに大きく左右されます。スタッフからよく聞く話は、スタッフは、ケアプランにはほとんど関わっていないし、読んでいる時間なんてない、ということです。ケアプランは読むには長すぎるし、また、ケアの現場で実際に起きていることとは、それほど関係がないように思えるということも、聞いています。

　対応を要する実際的な課題が数多くあり、それに処するにあたって、ぜひともやらなければならない、重要かつ基本的な考え方があると思います。実際的な課題は、コミュニケーションや時間管理であり、重要な理念は、ケア提供者がもっている価値観や信念と深く関わっています。ここで、私たちが使う"ケア提供者"という言葉は、ケアを提供している組織のことです。これは、医療供給サービスを行う独立公営企業であるプライマリー・ケア・トラスト（英国の場合）[※]、行政、NPO、家族、入居施設や介護施設などの、ヘルスケアやソーシャルケアの提供者をさしています。

※イギリスでは、医療供給サービスは独立公営企業であるNHSトラストやプライマリケア・トラストが行なっており、地域住民に対する医療サービス確保の責任を負っている。

1 コミュニケーション

　ケアプランが実行されるためには、ケアを提供する人たちとケアを受けることになる人が、ケアプランの内容を知る必要があり、理想的には、両者が、そのケアプラン作成のプロセスに関わっていることが望まれます。ケアプランは、その人のニーズが何であるか、また、そのニーズを満たすために援助者がとるべき行動を、明確に伝えるものでなければなりません。あまりにも頻繁に使われている、ただ"支援を要する"と書かれているようなプランは、漠然としていて、具体性がありません。ケアプランがしっかりと書かれていれば、あまり慣れていない人であっても、認知症をもつ人それぞれにとってふさわしいやり方で支援できるように、適切な行動をとることができるはず

です。

　これらの行動は、SMART（スマート）の原則を適用すれば、非常に明確に文書で伝えることができます。そこで、パーソン・センタードなケアプランの"私の援助者は"という表題の欄に書き込む時には、必ずこの原則にそって書くことをお勧めします。SMARTは、以下に挙げる5つの英単語の頭文字を組み合わせたものです。

　　S　Specific：具体的な表現で
　　M　Meaningful：その人にとっての意義
　　A　Agreed：本人の同意を得ているか
　　R　Realistic：実行可能な
　　T　Time based：いつまでにするかをあいまいにしない（時間的な制限）

以下に、この5つの意味を順に説明しましょう。

1．Specific：具体的な表現で

　これは、的確かつ具体的に表現するという意味です。"私の援助者は私が服を着るために支援します。"という書き方は具体性に欠け、必要とされている支援を援助者に伝えていません。具体的なプランとは、必要とされる支援について明確に表現しているものです。もしも、このような「支援を要する」というような漠然としたプランしかなかった場合、それに沿って取り組もうとする援助者は、誰でも、最初から不適切な取り組みを始めてしまうという大きな危険を冒すことになるでしょう。

　例えば、ジェイムズに関する全体像を把握するための、パーソン・センタードなプロセスで明らかになったことは、ジェイムズは、衣服を着るために"お世話を受けること"を嫌がっているということです。さらに言えば、彼は朝からちゃんとした服を着ることが嫌で、日中もパジャマを着たままで過ごしていたいし、家族が訪ねてくる予定になっている場合と、外出する予定がある場合に限って、パジャマから服に着替えてもよいと考えているのです。着替える必要があるならば、日中あるいは夜間の何時でも、パジャマなら喜んで清潔なものに着替えます。なぜなら、ジェイムズは、いつも爽やかで清潔

な気分でいたいと思っているからです。これは、良質の木綿のパジャマが大好きなので何着もたくさん持っていて、仕事から帰るとすぐにパジャマに着替え、家の中でゆっくりする時は、パジャマを好んで着ているという、彼の長年の習慣から来るものです。ジェイムズの性格傾向は、決まっている手順通りのことをいつもするのではなく、自分でこうしようと思ったことをする、自分自身で選択肢を決めることが好きなタイプの人です。認知的には、彼は、"目標指向的"な次元（6章の表6-1、6-2、6-3参照）の行動を自然に行なっていますが、自分の衣服を着替えることを含め、行動を開始するためには、言語的、視覚的な促しを必要としています。

　これらのことはすべて、彼のケアプランの中で語られなければなりません。彼のニーズに応えるために、ジェイムズ専用にあつらえられたプランの具体例を以下に示します。

私が、援助者たちにしてほしいこと：

- 私の家族が訪ねてくる予定になっている場合や、外出する予定がある場合にはそのことを教えてもらいたい。そして、その日には、服を着替えたいかどうかを、私に聞いてほしい
- 服を着替える時には、シャツを2着用意して、見せてもらい、どちらかを自分で選べるようにしてほしい
- 私が日中ゆっくりしている時や、夜、寝る時には、清潔で良質のパジャマを着ていたいと思っているので、それを尊重してほしい
- パジャマや、服を着替える必要がある時には、私がその時着ているものを、まず脱ぐように促してほしい
- 着替えのための衣服は全部、私が着る順番にベッドの上に並べておいてほしい

2．Meaningful：その人にとっての意義

　有意義な行動とは、その人にとって、意味のある、重要な行動のことです。ただ、"お世話"を受けることは、ジェイムズにとって、果たして意義があるかどうかと考えると、そうではないのです。彼の家族が訪ねてくる時に、彼が格好よく、きちんと見えるように手伝ってもらったり、シャツを自分で

選べるように準備してもらうことこそ、彼にとっては、有意義で、重要なことなのです。

3．Agreed：本人の同意を得ているか

どんな支援が提供されるにしろ、提供されるべき支援は、本人の同意を得た支援でなければなりません。ジェイムズは、衣服を着る際に援助者の支援に同意しましたが、それは、外出する場合や、訪問者がある場合には、きちんとした格好をしたいけれど、それ以外の時には、日中でも、くつろいでいる時には良質の木綿の着心地のよいパジャマを着ていたいという、彼の価値観にぴったり合った支援に限っての同意なのです。

4．Realistic：実行可能な

彼にとってのケアプランは、本人やジェイムズの援助者たちにとって、実行可能で、現実に即したものでなければなりません。例えば、ジェイムズに、毎日、きちんとワイシャツを着させ、ネクタイをしてもらうというケアプランが立てられ、援助者たちがそのプランに従わざるを得ないような状況だったとしたならば、ジェイムズは抵抗し、協力を拒むことになるでしょう。これは、本人にとっても、援助者たちにとっても、毎日実行することが不可能なケアプランでしょう。

5．Time based：いつまでにするかをあいまいにしない（時間的な制限）

ジェイムズを支援するためのパーソン・センタードなケアプランの中の文書は、いつまでにするかを明確にしていなければなりません。時間的な要素には二つの側面があります。一つは、いつ、どのような頻度で、それらを実行するか、ということであり、今一つは、いつ見直しをするのかということです。パーソン・センタードなケアプランの一番右側に当てはめて言えば、見直しの日を書き入れる欄があるのはこのためです。

SMART（スマート）の原則に従って、ジェイムズの服装に関するケアプランを完成させるためには、見直しの日を決める必要があります。おそらく6〜8週間以内に見直すことが適切でしょう。その日付を一番右側の欄に書き入れます。パーソン・センタードなケアプランを完成させるためには、ど

れぐらいの頻度で、いつ、援助者がジェイムズを手助けする必要があるのかについて、より詳しいことを書き足す必要があります。例えば、以下のように書き足すとよいでしょう。

私が、援助者たちにしてほしいこと：

> ● 毎日、朝食後に私の家族や外出のことを話してもらい、家族が訪ねてくる日や外出する予定の日は、そのことを思い出すように支援してほしい
> ● その後、私のパジャマが汚れている時には、いつでも着替えはできるから、着替えをしたいかどうか、と私に聞いてほしい
> ● 私がパジャマから普段着に着替えるのを手助けしてくれる時にはいつでも、自分で好きなほうを選べるように、清潔なシャツを、2枚用意して見せてほしい
> ● 日中、私がくつろいでいる時や、夜、寝る時には、清潔で品質のよい木綿のパジャマを着ていたいので、どんな時にも、それを尊重してほしい
> ● 衣服やパジャマを着替えることが必要になり、私が同意する場合にはいつでも、まず、その時着ているものを脱いでから、新しいものを着るように促してほしい
> ● 着替えを手伝ってくれる時にはいつでも、私が着替える清潔な衣服を、私が着る順番に、ベッドの上に並べておいてほしい

　パーソン・センタードなケアプランに書き入れられた情報はすべて、認知症をもつその人も含め、それを読むすべての人が理解できるように、SMART（スマート）の原則に従って、明瞭でわかりやすく書かれていなければなりません。また、プランは、引き継ぎやケアカンファレンスでは、口頭でも伝えられるべきです。

2 時間管理（時間とそれにかかるコストを意識する）

　パーソン・センタードなケアプランを実施するための極めて重要な要素は、

時間です。全体像把握のためのプロセス、ニーズの確認や文書化、見直し、さらに、すべての関係者が直接会って交わす定期的なコミュニケーションのための時間は、ケア提供者（組織）が、パーソン・センタードなケアプランを実行するために、それにかかる経費（コスト）を考えたうえで、捻出しているものです。ですから、時間をかければよいというものではなく、時間もコストのうちだということを意識し、それにかけられる限度を意識すべきです。時間管理が重要であるという認識がないならば、ケアプランが効果的に実施される見込みはなく、その人のニーズの全体像を探るためや、文書にするため多くの時間を費やしたとしても、パーソン・センタード・ケアの実行という必要な成果がもたらされる見込みもありません。

3 重要な理念

　効果的なコミュニケーションや時間管理が、重要であると考えるためには、個々の援助者も組織も含めて、まず、ケアの提供者が、パーソン・センタードなケアプラン作成のプロセスの中心に位置する"その人"の価値を真に認めるところから始めなければなりません。
　これまでは、認知症をもつ人の全体像を把握するためのプロセスを踏み、ニーズを確認し、その人のためのケアの質をより豊かなものにするために、実施可能なケアプラン作成に向けて努力を重ねてきましたが、これから先は、これまでの努力の成果物である「パーソン・センタードなケアプラン」の実行を推進し、認知症と共に生きる人が置かれている様々な状況を、さらに変革するための努力を続けてゆく必要があります。一層の変革を目指すにあたり、VIPSのモデルを使って、パーソン・センタード・ケアの理念を理解しようとした第1章の始めの部分を、ここで振り返ってみましょう。

4 VIPSのモデルを使って、パーソン・センタードなケアプランを実行し、見直しをする

V（Valuing）：あらゆる人々の価値を認めること

　あらゆる人々の価値を認めるということは、ケアの提供を受ける人々だけではなく、ケアを提供する人々の価値をも認めることです。これは、あなたが、パーソン・センタードなケアプランを作る時には、そのケアプランを誰が読み、誰が、そのケアプランを実行するのかを、常に頭に入れておく必要がある、ということを意味しています。

　ケアプランには、作成する人、それを読む人、さらにそれを実行する人など、様々な人たちが関わっているからです。したがって、ケアプランは、わかりやすい言葉で書かれ、何を、どれぐらいの頻度で、誰のために実行してほしいのかを明確に述べたものでなければなりません。ここで、使われる言葉は、ケアを受ける人たちだけではなく、ケアプランを実行する人たちに対しても、尊敬の念を忘れず、先入観や決めつけのないものでなければなりません。これは、それを読む人は誰でも、特に、ケアプラン作成の対象者であるその人自身が読む場合には、抵抗なく読めるように書かれていて、自分は支持され、理解され、尊重されていると感じられるように書かれていなければならないということです。

I（Individualized）：個人の独自性を尊重すること

　パーソン・センタードなケアプランは、個人の独自性を尊重したものでなければなりません。これは、ケアプランは、どの人のものとも異なっていて、その人に合った独自のものであるという意味です。パーソン・センタードなケアプランには、最初から最後まで、すべての書式の中で、その人の実の名前が使われなければなりません（安易に略したりしないなど）。また、その人独自の、人生歴、今までの生活スタイルとこれからの生活に望むこと、性格傾向、心と体の健康、何かをする潜在的な能力、認知能力、今まさに生きている人生の全体像を背景にして、その人のニーズを明らかにし、文書にしたものでなければなりません。

P（Perspective）：その人の視点に立つこと

パーソン・センタードなケアプランの全体像を探っている間や、ケアプランを作成するプロセスを進めている間の最も重要な部分では、いくつかの立場によって異なる視点が出てくる可能性があります。しかし、ケアプラン自体はその人の視点を反映していなければなりません。そのために、「パーソン・センタードなケアプラン」では、"私は"という一人称を使って書くことを、強く勧めているのです。

S（Social）：相互に支え合う社会的環境を提供すること

相互に支え合う社会的環境で生活することが、豊かな人生をもたらします。このため、パーソン・センタードなケアプランは、医療や身体的ケアのような具体的対応（投薬、更衣など）とまでは言わないまでも、それらと同じように、周囲の人たちとの交流をし続けながら生きてゆくためには、具体的に、どんなことが必要であるかということに、焦点を当てようとしています。

すでに、ケアプランの見直しについては、簡単に述べてきました。見直しをすることは、二つの理由で、極めて重要なことです。一つは、パーソン・センタードなケアプラン作成のプロセスの結果として、現在起きていることが、認知症をもつ人にとって生活の質を向上させているかどうかを調べる一つの方法だからです。もう一つの理由は、パーソン・センタードなケアプランが、その人のニーズに関しての最新の実態を反映する、有意義なケアプランとして常に更新されているようにするためには、見直しが必要だからです。見直しを何回すべきであるかということについては、決まった原則はありません。これについて唯一、考慮すべき最も重要なことは、現在のプランによって、本人がよりよい状態になっているかという点であると、私たちは考えています。すべての援助者たちが、この点に、常に気を配り、その人がどう過ごしているかをいつも見守り、その人自身と直接コミュニケーションをとりながら、今の生活についてどう感じているかを、探ることが、よい実践であると、私たちは考えています。普通は、その人といつも接触している援助者たちが、そうできるよい立場にあります。そうすれば、見直しのプロセスが、重要で継続的なプロセスとして有効に持続されます。この他に、より正式で定期的な見直しも必要です。ケアチームによっては、6カ月に一度、あるい

は一年に一度という定期的な見直しをしているチームもありますが、その人にとって、問題や変化が起きた場合にのみ見直しをするチームもあります。多分、この両方の組み合わせが、よいかもしれません。

まとめ｜第9章

- ケアプランがどの程度よく実行され、見直されるかは、あなたの職場が、どの程度、このプロセスの価値を認め、重要視しているかによるでしょう。

- ケアプランを作成するにあたってのコミュニケーションがどこで、どう、行われるか、また、どれぐらいの時間が割り当てられるかなどに関する実際的なことについては、ケアを提供する組織が、実施すべきであり、また、それを行う責任があります。

- パーソン・センタードなケアプランは、SMART（スマート）【Specific：具体的な表現で、Meaningful：その人にとっての意義、Agreed：本人の同意を得ているか、Realistic：実行可能な、Time based：いつまでにするかをあいまいにしない（時間的な制限）】の法則に沿って書かれるべきです。

- VIPSのモデルは、パーソン・センタードなケアプラン作成のプロセスの実行と見直しをしやすくするために、重要な原則をまとめたものです。

5 むすびに

　このよい実践のガイドに書かれているものは、私たち自身の実際の経験から引き出したものだけではありません。より重要だったのは、認知症ケアの世界で活躍する多くの同僚たちの研究や活動に刺激され、また、情報を得ることができたことです。また、"人間という存在"の身体的、心理的、社会的側面に関連する、膨大な量の最新の知識を反映したデータを使うことができたことは、私たちにとって大変幸運なことだと思っています。これは、認知症が、紛れもなく、人間であることの一つの有り様であるがために、普通の生活の一部である認知症を、私たちが理解する助けとなり、非常に有意義なものでした。

　私たちはブラッドフォード大学認知症ケア研究グループの中で、過去数年にわたり研究をしてきましたが、そこで働く人たちだけではなく、家族の援助者や専門家たちから学ぶことができたことは、非常に恵まれていたと感謝しています。これらの援助者や専門家たちのすべてが、パーソン・センタードなケアプラン作成に関する私たちの理想を形にするために、多大な支援と励ましを与えてくれました。彼らのおかげで、私たちはこの本を書き続けることができました。

　しかし、何よりも重要なことは、私たちが認知症をもつ人たちと協力し合って、パーソン・センタード・ケアを真の意味で実現するという決意をもっているのであれば、私たちと共に歩む存在である、認知症と共に生きる人たちの声に、これからも常に耳を傾けてゆかなければなりません。最後に、皆さんと共に、認知症をもつ人たちを代表するクリスティーン・ブライデンの心の叫びを、聞いてペンを置きたいと思います。

　　…私たちが、「認識」や［知覚］で生きているのではなく、魂の深みにいて、錯綜した感情とともに「今」にだけ生きているということは…あなたの側から見れば、私たちと深いところでつながっていけるということである…私たちは、過去も未来もなく、「今」という現実の中に生きている。その「今」にすべてのエネルギーを注ぎ込むから、「あとで」とか「その時に」というのは通用しない。(『私は私になっていく──認知症とダンスを』クリスティーン・ブライデン、馬籠久美子・桧垣陽子訳、p.125)

＿＿＿＿＿様の"人生歴"の全体像を把握するための書式

作成者氏名：＿＿＿＿＿＿＿＿　　作成日：＿＿＿＿＿＿＿＿

幼児期・思春期

家族や友人についての記憶：

私の両親：

私の祖父母：

私の兄弟姉妹：

他の人たち：

学校生活についての記憶：

私の得意なことや興味：

私の先生や友人：

がんばったこと（自慢できること）や、大人になったらしたかったこと（夢）：

心に残っている事がら：

書式1-1

Copyright © Hazel May, Paul Edwards and Dawn Brooker 2008

成人した後

家族や友人についての記憶:

結婚式、出産、その他の特別な日:

困難な時や悲しみの日々:

心に残っている事がら:

私がしてきたことについての記憶:

私の仕事:

私の趣味や休暇:

書式1-1

退職後

家族や友人についての記憶:

結婚式、誕生、その他の特別な日:

楽しかった思い出:

仕事、趣味、旅行:

困難な時や悲しみの日々:

特別な場所、特別なもの:

心に残っている事がら:

書式1-1

現在

私の心に浮かぶ人や、考えていること:

最も誇りに思っていること:

後悔していること:

最近の出来事で、心に残っている事がら:

最高の日:

最高に幸せだった思い出:

付録　書式1

書式1-2

_____様の"今までの生活スタイルとこれからの生活に望むこと"の全体像を把握するための書式

作成者氏名：　　　　　　　　　作成日：

私が好きな食べ物や飲み物：

いつ、どのように食べ、飲みたいのか：

私がリラックスするために：

私が好きな衣服や、身につけたいもの：

私が愛着を感じている人々、場所、物：

私の身近に、愛着を感じる人や物の存在を感じることができるように、私がしていることや、どうしてもしたいこと：

私が毎日行う身の回りのことや、習慣になっているやり方（手順）：

私が、決まってやりたい仕事のような役割：

私のスピリチュアリティ（内的世界）：

これからの生活に望むこと

将来、私が自分の意思を伝えることができなくなった場合には、どんなときにも、今までの私の生活スタイルに関しての私の気持ちや、意向を尊重してください

書式1-2

私は、事前指示書を作成しました／作成していません

原本の保管者は：

控えの保管者は：

私の代わりに意思決定をする人を誰か"代理人"として任命しています／任命していません

私の財産（所有物）、財務やその他の事がらに関する代理人は：

私の福祉に関する代理人は：

私は次のような特別な医療／治療や支援をぜひ、受けたいと思います：

私は、次のような医療／治療や支援は受けたくありません：

私の医療や支援について意思決定が必要になった場合には、次の人たちに相談してください：

付録 書式1

Copyright © Hazel May, Paul Edwards and Dawn Brooker 2008

書式1-3

＿＿＿＿＿様の"性格傾向"の全体像を把握するための書式

作成者氏名：＿＿＿＿＿　　　作成日：＿＿＿＿＿

自分の性格についての私の考えは：　性格傾向を表す項目が5つ書いてあります。両端には極端な例が書いてありますが、その間のどこにあなたは位置すると思いますか？　そこに○印をつけて、コメントを入れてください

気にしすぎる、クヨクヨする　　　　　　　　　　　　　　　　　　　　　　　　堂々としている、気にしない
（神経質、神経過敏）
コメント：

外向的、活発　　　　　　　　　　　　　　　　　　　　　　　　　　　　　　　内向的、内気（引っ込み思案）
コメント：

好奇心が強い、創意に富む、　　　　　　　　　　　　　　　　　　　　　　　　慎重、保守的
新しいものが好き
コメント：

親しみやすい（協調的）、　　　　　　　　　　　　　　　　　　　　　　　　　負けず嫌い（競争好き）、
思いやりがある　　　　　　　　　　　　　　　　　　　　　　　　　　　　　　遠慮会釈がない（ずけずけ言う）
コメント：

生真面目　　　　　　　　　　　　　　　　　　　　　　　　　　　　　　　　　のんきさ、無頓着
（有能で、きちんとしている）
コメント：

Copyright © Hazel May, Paul Edwards and Dawn Brooker 2008

＿＿＿＿＿様の"心と体の健康"の全体像を把握するための書式

作成者氏名：　　　　　　　　　作成日：

私の現在の体調は：	私が現在受けている治療は：	私がアレルギー反応を起こす薬剤、物質、環境でわかっているものは：	私の現在の体重は： 私は、今の体重でよいと思います／思いません	私はタバコを吸います／吸いません　　一日に　　　　本 私はお酒を飲みます／飲みません　　一日に　ビール　　本 　　　　　　　　　　　　　　　　　　　　　日本酒　　合 　　　　　　　　　　　　　　　　　　　　　焼酎　　　杯

書式1-4

付録　書式1

Copyright © Hazel May, Paul Edwards and Dawn Brooker 2008

書式1-4

私の各機能の全体像		私が特に必要としている支援	私は専門家のアセスメントを希望します↓
食べること			
飲むこと			
コミュニケーションをとる			
移動する			
トイレを使う			
睡眠をとる			

書式 1-4

私の体の健康状態に関する全体像	最後に医師の診察を受けた日	私が特に必要としている支援	私は専門家のアセスメントを希望します↓
目と視力			
耳と聴力			
歯と歯ぐき			
心臓と肺			
足			
皮膚			
性によって異なる健康問題（男性 女性：どちらかに○をつけてください）			

痛み：

体の健康とよい状態をおびやかすリスク：

付録 書式1

書式1-4

私の心の健康とよい状態に関する全体像

私の心の健康とよい状態に関する全体像	
私は、うつ(うつ病)になったことがあります／ありません	私は、私のもの忘れの原因の説明となる診断を受けています／いません
	診断された日：
私は、不安に悩まされたことがあります／ありません	診断を受けた医療機関・医師：
私は、何かしら嫌な気持ちに悩まされたことがあります／ありません	私の特別な症状：
これまでに、他の人たちが言っていたことや、してきたことで、役に立ったことなど、私が他の人たちに知っていてもらいたいこと：	私のこの症状を、他の人には以下のように呼んでほしいです：
	私は、専門家によるさらに詳しいアセスメントを希望します／しません

他の人たちに知っていてもらいたい、私の体や心の健康についての、より詳しい情報：

書式1-5

_____様の"何かをする潜在的な能力"の全体像を把握するための書式

作成者氏名： 　　　　　作成日：

	私はこれを負担なく自然にできます	時々、これは難しい	よくわかりません	私の援助者に聞いてください
無意識に行うこと				
私ができることは：				
物を見るために頭の向きを変える				
口を開ける				
物を飲み込む				
身体・手足の位置を変えて行うこと				
私ができることは：				
手に持たされたコップから飲む				
指を使って食べ物をつまむ				
一つの食器を使って食べる				
手や身体を使って扱うこと				
私ができること：				
手を伸ばして一つの食器を握る				
一つの食器を使って私の食べ物を切り分ける				
一つの食器を使って私の食べ物を切り分けたり、すくうぶす				
目標指向的に行うこと				
私ができること：				
二種類の食器を同時に使って食べる				
食器を一緒に使い、私の食べ物をナイフで切り分ける				
私のコメント：				

Copyright © Hazel May, Paul Edwards and Dawn Brooker 2008

＿＿＿＿様の"認知能力"の全体像を把握するための書式

書式1-6

作成者氏名：＿＿＿＿　　作成日：＿＿＿＿

	時々こういうことがあります	こんなことはありません	よくわかりません	私の援助者に聞いてください
視覚処理				
私は、私の前にあるものの一部だけが見えます				
私は、他の人に見えないものが、見えます				
私は、探しているものがすぐ前にあるのに、それを見つけるのに苦労します				
私は、日常的なありふれたものが、変なものに見えたり、何であるかわかりません				
身体の動きの協調と認識				
私は、誰かに促されないと、自分で衣服を着始めたり、脱ぎ始めたりすることが難しい				
私は、誰かに促されないと、クローゼットやタンスから自分の衣類を選ぶことが難しい				
私は、自分の腕や身体のいろいろな部位を、うまく連動させて、使うことが難しい				
私は、自分の腕や足の位置を、正確に把握し、動かすことが難しい				
記憶				
私は、ついさっき見たばかりのことを思い出すのが難しい				
私は、たった今、言われたことを思い出すのが難しい				
私は、知っている人たちの顔がわからないことがある				
私は、ありふれた物を見ても、何であるか、認識することが難しい				
私は、慣れている環境を認識することが難しい				

Copyright © Hazel May, Paul Edwards and Dawn Brooker 2008

書式1-6

	時々こういうことがあります	こんなことはありません	よくわかりません	私の援助者に聞いてください
私は、自分のいるところのレイアウトを記憶するのが難しい				
私は、どこに物を置いたのかを覚えているのが難しい				
コミュニケーション				
私は、話を始めるのが難しい				
私は、同じ話を、ずっと繰り返して、止めるのが難しい				
私は、人から話しかけられたときに返事をするのが難しい				
私は、自分で話していることの流れが途中でわからなくなる				
私は、言いたい言葉を思いつかない				
私は、自分に向かって言われていることを理解するのが難しい				
計画する、判断する、感情をコントロール（抑制）する				
私は、自分のやりたいことに集中することが難しい				
私は、前もって計画を立てることが難しい				
私は、何か新しいことを習い覚えるのが難しい				
私は、何かを達成するためにとるべき行動を始めることが難しい				
私は、自分がしていることを止めるのが難しい				
私は、自分の感情をコントロール（抑制）することが難しい				
私は、自分の衝動をコントロール（抑制）することが難しい				

私が知らせておきたいコメント：

付録　書式1

Copyright © Hazel May, Paul Edwards and Dawn Brooker 2008

＿＿＿＿＿様の"今までさに生きている人生"の全体像を把握するための書式

作成者氏名：＿＿＿＿＿＿＿＿＿＿　　作成日：＿＿＿＿＿＿＿＿＿＿

ここでの私の暮らしに対する満足度

ここでの暮らしについて、私が実感していること：	誰か他の人（氏名　　　　　）に聞いて、私の代わりに話をしてもらってください。そして、その人が言っていたことを、ここに書いてください：

私の心理的ニーズ

	まったく満たされていない	ほとんど満たされていないか、最低限	まあまあ、あるいは時々満たされている	かなりの程度、あるいは、大体満たされている	完全に、あるいはいつも満たされている	コメント
総合的な私のここでの日々の生活についての満足度						
私のくつろぎ（やすらぎ）のニーズは						
私のたずさわることのニーズは						
私の愛着、結びつきのニーズは						
私のアイデンティティのニーズは						
私と共にあることのニーズは						

Copyright © Hazel May, Paul Edwards and Dawn Brooker 2008

書式2 カバーシート

_____ 様の

パーソン・センタードなアプローチにより把握された全体像とケアプラン

私を支援してくれた人たち：

場所：

作成日：

付録　書式2

書式2-1

＿＿＿＿＿＿様の全体像のサマリーシート

私の"人生歴"に関係する重要な事がら：

私の"今までの生活スタイルとこれからの生活に望むこと"に関係する重要な事がら：

私の"性格傾向"に関係する重要な事がら：

私の"心と体の健康"とリスクに関係する重要な事がら：

私の"何かをする潜在的な能力"に関係する重要な事がら：
現在、私が何かをする時に、最も自然で負担が少ない次元は：

反応・無意識　　身体・手足の位置を変える　　手や身体を使って扱う　　目標指向的

私の"認知能力"に関係する重要な事がら：
私は次の認知能力に関して支援を必要としています：

視覚処理　　身体の動きの協調と認識　　記憶　　コミュニケーション

何かを始める　　計画する　　判断する　　感情をコントロール（抑制）する

私の、今さに生きている人生に関係する重要な事がら：
すぐに対応してほしい、私のよい状態/よくない状態に関する重要な事がら：　　私がここで受けているケアに対する私の満足度：

私がここで受けているケアに対する、私の援助者や大切な人から見た満足度：　　私の心理的ニーズ：

Copyright © Hazel May, Paul Edwards and Dawn Brooker 2008

書式2-2

鍵となる重要な情報シート

私に話しかけるときに使ってほしい名前：

私の生年月日： _____ 年齢は： _____

私のニーズを満たすために、連絡を望む可能性がある人たち：

名前	住所など、詳細な連絡先	私との関係	補足情報

私のケアに関わる人たちに知っていてもらいたい重要な情報：

私のパーソン・センタードなケアプラン

私のニーズは：	私の援助者は：	私たちがこの内容を見直す日は：

書式2-3

Useful Resources 役に立つ情報資源のリスト

Action for Advocacy
PO Box 31856
Lorrimore Square
London
SE17 3XR
Email:info@actionforadvocacy.org.uk
Tel:020 7820 7868
Fax:020 7820 9947
www.actionforadvocacy.org.uk

Age Concern
Age Concern England
Astral House
1268 London Road
London
SW16 4ER
Free helpline:0800 00 99 66
www.ageconcern.org.uk

Age Exchange
The Reminiscence Centre
11 Blackheath Village
London
SE3 9LA
Tel:020 8318 9105
Fax:020 8318 0060
Email:administrator@age-exchange.org.uk
www.age-exchange.org.uk

Bladder & Bowel Foundation
(formerly the Continence Foundation)
SATRA Innovation Park
Rockingham Road
Kettering
Northants
NN16 9JH
Nurse helpline for medical advice:
0845 345 0165
Counsellor helpline:0870 770 3246
General enquiries:01536 533255
Fax:01536 533240
Email:info@bladderandbowelfoundation.org
www.bladderandbowelfoundation.org

Bradford Dementia Group
University of Bradford
School of Health Studies
University of Bradford
25 Trinity Road
Bradford
BD5 0BB, UK.
Tel: +44 01274 236367
Fax:+44 01274 236302
Email: enquiries@bradford.ac.uk
www.bradford.ac.uk

British Dental Association
64 Wimpole Street
London
W1G8YS
Tel:020 7935 0875
Fax:020 7487 5232
Email:enquiries@bda.org
www.bda.org

British Dietetic Association
5th Floor, Charles House
148/9 Great Charles Street Queensway
Birmingham
B3 3HT
Tel:0121 200 8080
Fax:0121 200 8081
Email:info@bda.uk.com
www.bda.uk.com

British Medical Association (BMA)
BMA head office
BMA House
Tavistock Square
London
WC1H 9JP
Tel:020 7387 4499
Fax:020 7383 6400
Download information about accessing medical records:http://www.bma.org.uk/ap.nsf/Content/Access 2007

Chartered Society of Physiotherapy
14 Bedford Row
London
WC1R 4ED
Tel:020 7306 6666
www.csp.org.uk

College of Occupational Therapists
106-114 Borough High Street
Southwark
London
SE1 1LB
Tel:020 7357 6480
www.cot.co.uk

College of Optometrists
42 Craven Street
London
WC2N 5NG
Tel:020 7839 6000
Fax:020 7839 6800
Email:optometry@college-optometrists.org
www.college-optometrists.org

Department of Health (Medical Records)
The Department of Health
Richmond House
79 Whitehall
London
SW1A 2NS
Tel:020 7210 4850
www.dh.gov.uk

Direct gov
Directgov is the website of the UK government providing information and online services for the public.
www.direct.gov.uk

Federation of Ophthalmic and Dispensing Opticians (FODO)
199 Gloucester Terrace
London
W2 6LD
Tel:020 7298 5151
Email:optics@fodo.com
www.fodo.com

JPA (Jackie Pool Associates) Limited
Sunnybanks
Victoria Road
Bishops Waltham
Southampton
SO32 1DJ
Tel:01489 892933
Fax:01489 890147
www.jackie-pool-associates.co.uk

MIND (National Association for Mental Health)
PO Box 277
Manchester
M60 3XN
Tel:0845 766 0163
Email:info@mind.org.uk
www.mind.org.uk

The Office of the Public Guardian and the Court of Protection
Archway Tower
2 Junction Road
London
N19 5SZ
Tel:0845 330 2900 - Phone lines are open from 9am – 5pm
Fax:020 7664 7705
www.publicguardian.gov.uk

Personal Social Services Research Unit (PSSRU)
PSSRU at Kent
Cornwallis Building
George Allen Wing
University of Kent
Canterbury
Kent
CT2 7NF
Tel:01227 827672
Fax:01227 827038
Email:pssru@kent.ac.uk

PSSRU at the LSE
LSE Health and Social Care
London School of Economics and Political Science
Houghton Street
London
WC2A 2AE
Tel:020 7955 6238
Fax:020 7955 6131
Email:pssru@lse.ac.uk

PSSRU at Manchester
University of Manchester
First Floor
Dover Street Building
Oxford Road
Manchester
M13 9PL
Phone:44 (0) 161 275 5250
Fax:44 (0) 161 275 5790
Email:pssru@man.ac.uk
Website: www.pssru.ac.uk
Download Factsheet on Pain from www.pssru.ac.uk/pdf/MCpdfs/Pain_factsheet.pdf

Royal College of Nursing
20 Cavendish Square
London
W1G 0RN
Telephone: 020 7409 3333
Web Page: www.rcn.org.uk

Royal College of Physicians
11 St Andrew's Place
Regent's Park
London
NW1 4LE
Tel: 020 7224 1539
Fax: 020 7487 5218
Email: infocentre@rcplondon.ac.uk
The Abbey Pain Scale is available to download from the RCP website at www.rcplondon.ac.uk/pubs/contents/ff4dbcd6-ffb7-41ad-b2b8-61315fd75c6f.pdf

Royal College of Speech and Language Therapists
2 White Hart Yard
London
SE1 1NX
Company registration number 518344
VAT number 795 811977
Tel: 020 7378 1200
Email: info@rcslt.org
www.rcslt.org

Royal Pharmaceutical Society of Great Britain
1 Lambeth High Street
London
SE1 7JN

Tel: 020 7735 9141
Fax: 020 7735 7629
Email: enquiries@rpsgb.org
www.rpsgb.org.uk

The Royal College of Psychiatrists
National Headquarters
17 Belgrave Square
London
SW1X 8PG
Tel: 020 7235 2351
Fax: 020 7245 1231
E mail: rcpsych@rcpsych.ac.uk
www.rcpsych.ac.uk

The Society of Chiropodists and Podiatrists
Registered Office
1 Fellmonger's Path
Tower Bridge Road
London
SE1 3LY
Tel: 020 7234 8620
Fax: 0845 450 3721
www.feetforlife.org

References 引用文献

Abbey, J. (2004) 'The assessment of pain in older people.' *Concise Guidance to Good Practice*. London: Royal College of Physicians.

Allan, K. (2001) *Communication and Consultation: Exploring Ways for Staff to Involve People with Dementia in Developing Services*. London and Bristol: Policy Press and Joseph Rowntree Foundation.

Allen, C.K., Earhart, C.A. and Blue, T. (1992) *Occupational Therapy Treatment Goals for the Physically and Cognitively Disabled*. Rockville USA: The American Occupational Therapy Association.

Alzheimer's Society (2008) *Dementia out of the Shadows*. London: Alzheimer's Society.

Alzheimer's Society. *What is Dementia?* Bournemouth.

Ballard, C., Fossey, J., Chithramohan, R., Howard, R., et al. (2001) 'Quality of care in private sector and NHS facilities for people with dementia: cross sectional survey.' *British Medical Journal 323*, 426–427.

Barnett, E. (2000) *Including the Person with Dementia in Designing and Delivering Care 'I Need to be Me!'* London and Philadelphia: Jessica Kingsley Publishers.

Brod, M., Stewart, A.L., Sands, L. and Walton, P. (1999) 'Conceptualization and measurement of quality of life in dementia: the Dementia Quality of Life Instrument (DQOL)' *The Gerontologist 39*, 1, 25–35.

Brooker, D. (2004) 'What is person-centred care in dementia?' *Reviews in Clinical Gerontology 13*, 3, 215–222.

Brooker, D. (2006) *Person-Centred Dementia Care: Making Services Better*. London: Jessica Kingsley Publishers.

Brooker, D., Woolley, R. and Lee, D. (2007) 'Enriching opportunities for people living with dementia in nursing homes: an evaluation of a multi-level activity-based model of care.' *Aging and Mental Health 11*, 4, 361–370.

Browne, C. J. and Shlosberg, E. (2006) 'Attachment theory, ageing and dementia: a review of the literature.' *Aging and Mental Health 10*, 2, 134-142.

Bruce, E. (1998) 'How can we measure spiritual well being?' *Journal of Dementia Care 6*, 3, 16–17.

Bryden, C. (2005) *Dancing with Dementia: My Story of Living Positively with Dementia*. London: Jessica Kingsley Publishers.

Continence Foundation (2008) Continence Symptoms and Treatments. Available at www.continence-foundation.org.uk/symptoms-and-treatments/bowel.

php#6, accessed on 16 February 2009.

Costa, P.T. and McCrae, R.R. (1992) NEO PI-R. Professional manual.

Disability Foundation (2006) www.tdf.org.uk/therapies/chiropody.htm, accessed on 16 February 2009.

Edvardsson, D., Winblad, B. and Sandman, P.O. (2008) 'Person-centred care of people with severe Alzheimer's disease: current status and ways forward.' *The Lancet Neurology 7*, 4, 362–367.

Fiske, J., Frenkel, H., Griffiths, J. and Jones, V. (2006) 'Guidelines for the development of local standards of oral health care for people with dementia.' *Gerodontology 23*, 1, available at www.gerodontology.com

Goldsmith, M. (1996) *Hearing the Voice of People With Dementia: Opportunities and Obstacles*. London: Jessica Kingsley Publishers.

Harris, P. B. (ed.) (2002) *The Person with Alzheimer's Disease: Pathways to Understanding the Experience*. London and Baltimore: Johns Hopkins University Press.

Heath, H. (1999) 'Intimacy and sexuality.' In H. M. B. Heath and I. Schofield (eds) *Healthy Ageing: Nursing Older People*. London: Mosby, pp.341-366.

Howard, P.J. and Howard, J.M. (1995) 'The Big Five quickstart: an introduction to the Five-Factor Model of Personality for human resource professionals.' *Journal of Dementia Care* 16–17.

Kitwood, T. (1997) *Dementia Reconsidered: The Person Comes First (Reconsidering Ageing)*. Buckingham: Open University Press.

Keady, J. (1996) 'The experience of dementia: a review of the literature and implications for nursing practice.' *Journal of Clinical Nursing 5*, 275-288.

Miesen, B. (1992) 'Attachment theory and dementia.' In Miesen, B., Jones, G. (eds) *Caregiving in Dementia*.

Miesen, B. (1993) 'Alzheimer's disease, the phenomenon of parent fixation and Bowlby's attachment theory.' *International Journal of Geriatric Psychiatry 8*, 147-153.

McCrae, R.R. and Costa, P.T. Jr (2003) *Personality in Adulthood: A Five-Factor Theory Perspective* (2nd edn). New York: Guildford Press.

Mozley, C.G., Hukley, P., Sutcliffe, C. and Bayley, H. (1999) '"Not knowing where I am doesn't mean I don't know what I like!" Cognitive impairment and quality of life responses in elderly people.' *International Journal of Geriatric Psychiatry 14*, 9, 776–783.

Nagaratnam, N. and Gayagay, G. (2002) 'Hypersexuality in nursing home facilities: a descriptive study.' *Archives in Gerontology and Geriatrics 35*, 3, 195–203.

Passmore, P. (2005) 'Behavioural and psychological symptoms in Alzheimer's disease.' *Journal of Quality Research in Dementia 1.*

Perrin, T., May, H. and Anderson, L. (2008) *Wellbeing in Dementia: An Occupational Approach for Therapists and Carers.* Edinburgh: Churchill Livingstone.

Personal Social Services Research Unit (2005) Pain in Dementia Factsheet www.pssru.ac.uk/pdf/MCpdfs/Pain_factsheet.pdf

Phares, E.J. (1991) *Introduction to Psychology* (Third edition). New York: Harper Collins Publishers.

Pool, J. (2007) *The Pool Activity Level (PAL) Instrument for Occupational Profiling: A Practical Resource for Carers of People with Cognitive Impairment (Bradford Dementia Group Good Practice Guides).* London: Jessica Kingsley Publishers.

Powell, J. (2000) *Care to Communicate: Helping the Older Person with Dementia.* London: Hawker Publications.

Pratchett, T. (2008) Closing address to the UK Dementia Congress. Bournemouth, October 2008. Royal College of Physicians, British Geriatrics Society and British Pain Society (2007) *The Assessment of Pain in Older People: National Guidelines. (Concise Guidance to Good Practice Series, No 8).* London: Royal College of Physicians.

Royal College of Psychiatrists (2008) www.rcpsych.ac.uk/mentalhealthinformation/mentalhealthproblems/sleepproblems/sleepingwell.aspx, accessed on 16 February 2009.

Sabat, S. (2001) *The Experience of Alzheimer's Disease: Life Through a Tangled Veil.* Oxford: Blackwell.

Smeeth, L, Fletcher, A.E., Stirling, S., Nunes, M., *et al.* (2001) 'Randomised comparison of three methods of administering a screening questionnaire to elderly people: findings from the MRC trial of the assessment and management of older people in the community.' *British Medical Journal 323*, 1403.

Society of Chiropodists and Podiatrists (2008) 'Feet for Life' foot health info web page, www.feetforlife.org/foot_health/common_probs.html/

Surr, C. (2006) 'Preservation of the self in people with dementia living in residential care: a socio-biographical approach.' *Social Science and Medicine 62*, 7, 1720–1730.

Wallace, M. (1992) 'Management of sexual relationships among elderly residents of long-term care facilities.' *Geriatric Nursing 13*, 6, 308–311.

Young, A. and Dinan, S. (1994) 'ABC of Sports Medicine: fitness for older people.' *British Medical Journal 309*, 331–334.

翻訳者あとがき

　ある人のニーズが満たされているか否かが、その人が今、この時をすばらしいものとして過ごせるか、逆に、その人の一日が台無しになってしまうかどうかを分ける、ということを、この本の中で著者は繰り返し述べています。そのことが最初に言及されている第2章には、「ニーズは、その人にとっての一日がよいものになるか、台無しになるかを左右するものです。自分自身に置き換えて考えてみると役に立つと思います。例えば、あなた自身が、自分の体調の善し悪しも、他の誰かに頼らなければならない状況に置かれたら、今までの人生の何が、最も大切になるでしょうか？…」(May, Edwards and Brooker, 2009、本書p.47)とあります。

　私には、認知症と診断されてから7年あまりになる夫がいます。文字通り、認知症と共に生きる夫が施設に入居して4年半ほどになります。この間、しばしば自宅に連れて帰り、「在宅介護」もしてきました。要介護度5の夫は、自分で立ち上がることや、車いすを自分で動かして移動したい場所に行ったりすることができません。トイレに行きたい時は、両手を引いてもらって移動し、便座には座らせてもらわなければなりません。自分でできるのは、転倒防止用の棒につかまることぐらいです。座ったり立ったり、ズボンを下げたり、パッドをはずしたり、お尻を清潔にすることも、汚れた衣服やパッドを、自分で取り替えることもできません。私は、自分が彼の立場になったら、彼のように他の人に自分の身体的なケアを素直にまかせて生活し続けることができるかどうか、まったく自信がありません。家にいる時も施設でも、便座にドッシンと置かれると、彼は、「ああ、もっとゆっくりやってよ〜、やさしくしてよ〜」と、裏声を出して私たちに訴えます。私が「ドッシン」とやられたら、彼のようなやさしい言い方をできるかどうかもまったく自信がありません。

　家族の誰かを施設に入居させるということは、それまでの長い間、家族が担ってきた役目を、介護施設の現場の第一線で働くケアスタッフに引き継いでもらうことになるということです。著者が、この本の中で、介護現場でのケアスタッフの仕事について、「ある意味では、多くの家族が時と共にずっと分かち合ってきた仕事を、あなたが引き受けることになるのです。それは、家族という集合体の

中での大切な話を、ふるい分けたり、どこかにとって置いたり、共有したり、あらためて何度も語ったりする仕事です。」と述べています（本書、第2章、p.32-33）。他の章を通しても同じメッセージは伝わって来ます。家族や親しい人たちに代わって、認知症と共に生きる人たちの視点から彼らのニーズを見極めることが、パーソン・センタードなケアプランニングという施設でケアにたずさわる人たちの重要な仕事であることを、著者は私たちに何度も思い出させ、認知症をもつ人たちのニーズを見極めるために踏むべきプロセスを丁寧に説明しています。

　第5章「心と体の健康」の"睡眠をとる"という部分の日本語訳を吟味するための翻訳会議をした日、「パーソン・センタード・ケアを実践するためには、一人ひとりが普段、どのように入眠に至っているかの手順が把握されていなければなりません。」という文章に始まる段落(本書、p.120-121)を水野先生が読みあげました。そこには、高齢者が、夜間に起きることは珍しいことではないこと、その人が夜中に起きることが普通に起きているならば、「その人が夜中に起きた場合にはどんなことがニーズとしてあるのかを、ケアプランを見れば明らかにわかるように詳細に書き留めるべきです。」と述べています。さらに、「ある人は、まず、明かりをつけてもらって、温かい飲み物を少しずつ飲みながら、しばしの間、おしゃべりをするというニーズがあるかもしれません。また、実際に、起きて歩きまわるニーズのある人がいるかもしれません。」など、他にもいくつか例が挙げられています。この後に続くページ（本書、p.122-123）には、全体像把握のための書式1-4の「私が特に必要としている支援」に何をどう記入したらよいかの例も挙げられています。その一つが、"ピーターは、一人で布団に入ることができ、午前4時頃に目が覚めた時には、午前6時頃にまた、うつらうつら寝入るまで、自室で一人のまま、ぶらぶらしながら時間をすごすことが好きである"などと記入するとよいでしょう。」というものです。

　この部分の翻訳を吟味した日には、水野先生は特に何もおっしゃらなかったのですが、後日、先生から届いたメールには、『…中略… 朝方目を覚まして思いましたが、「ある人は17時にメインのごはんを食べ、22時に軽食を食べる。23時くらいからぶらぶらして、寝て、起きた時には、ここは家ではないけど、みんな元気だから安心して、と伝えてほしい」なんて、ケアプランが実行されることはあるのだろうか、と思ってしまいます。今週は、週末松本で仕事があり、地元のケアワーカーに会うので、そのようなケアは可能か？と聞いてみようと思います。夢のような話ですが、これを実現するためには、やはりこの本は世に出すべきでしょう

ね。』と書いてありました。このようなケアを実践している施設は現実にあります。こんなニーズまで満たすことは無理とあきらめず、標準的なよいケアとして、ぜひ、すべてのケア施設で実践してほしいと切に願っています。

　たびたび夫の話になってしまいますが、彼は施設への入居前から長い間睡眠に関しては困難を抱えていました。睡眠薬の処方の量を少しずつ減らしたり、夜よく眠れるように昼間あまり眠らないような工夫をいろいろとしてみましたが、結局あまりうまくいかずに「夜間、何回もナースコールがある、もっと眠剤をくれと言われる」と、入居後3、4年は指摘されていました。しかし、最近になって以前よりもずっと睡眠剤や鎮静剤の処方量が少なくなったにもかかわらず、夫の睡眠のとり方は改善されてきていると、私は感じています。これは、スタッフの方の想像力に富んだクリエイティブな対応があったからだと思います。「何回もナースコールがある」ということを聞いていたので、あるスタッフに、自宅にいる時も夜中にブザーを何回も押しては、「眠剤をもう一つくれ」と何回も言われたこと、「寝る前にもうちゃんと飲んだから、もういらないと思うけど！　また飲んだら、明日また昼間に眠ることになるでしょう!!」というやり取りがよくあったこと、また、「寂しいから、ちょっとそばにいてくれよ」と夜中に言われたことを、伝えました。するとそのスタッフは、「そうなんですよ、寂しい、寂しいと、言われますよ」と教えてくれました。そして、そばにいてちょっと話したり、一緒にテレビを見ていると5分もたたないうちに眠ってしまうこと、また、時々、非常にソフトなマッサージを夜中にしているとも説明してくれました。このようなケアを創意工夫してくれたスタッフに対し、私は、感謝の気持ちで胸がいっぱいになりました。

　夫の睡眠の"問題"がなかなか解決できず、睡眠薬の量を増やすか、もっと効果が長続きするものを処方するという提案が訪問診療の医師から出されたこともあります。しかし、夫が認知症であるという診断を下してくれた医師で、私が夫の主治医だと考える医師に相談すると、施設のスタッフに手紙を書いてくださいました。この医師には、上記のスタッフのすばらしいケアをお話ししてありました。その手紙の一部を引用させていただきます。「介護士様の話などを聞きますと、マッサージをしたり、ちょっと会話をしたりすればプラセボ対応※で十分で、すなわち根底には不安がある、とのことです。

　※プラセボとは偽薬のこと。この場合は、向精神薬を使わないことの意味。

　深い洞察だと思います。私としては、今回は、これ以上は（睡眠剤を）増やさ

ずに非薬物的ケアで対応できないでしょうか。根拠として(1)諸外国のガイドラインではもはや非薬物がfirst lineであること、(2)日中の傾眠は本人のQOLを阻害するのみならず結局介護の皆様にも負担になること、をあげさせていただきます。以上、医師の立場からの意見です。立場が違えば見解も異なるとは思いますが、対話により本人にとっていい老後を作っていきたいと存じます。よろしくお願い申し上げます。」と、書かれていました。「お年ですから」などとあきらめずに、自分の患者の抱えている問題に寄り添ってくれ、ケアの専門家である現場のスタッフとの"協働"を提案してくれた夫の主治医に対しても、私は感謝の気持ちでいっぱいになりました。

　施設に暮らしている認知症をもつ人たちにとって、そして家族にとって最も重大な関心事は、第8章「今まさに生きている人生」で取りあげられている心理的ニーズです。認知症をもつ人の人生が、豊かで幸せなものになるかどうかは、「今まさに生きている人生」の質に左右されます。夫を見ていると、それがよくわかります。"今、この時、ここで起きていること"が、夫の幸福感を左右しています。自分のニーズが満たされるか否かが、夫の一日がハッピーで"ご機嫌よく過ごせる"ものになるか、不愉快なものになるかの分かれ目です。これは、まさに雲泥の差をもたらすと言えます。施設で暮らす認知症をもつ人たちにとっては、施設での生活の質こそが"今まさに生きている人生の質"だからです。この章のタイトルの日本語訳「今まさに生きている人生」は、水野先生が考えてくださったものです。私が考えた元訳は、どうも目から入って来る言葉にとらわれてしまって、「目下の人生／生活」などという極めてつまらないものでした。水野先生の監訳によって、日本語版の品質はとても高められました。

　「認知症と共に生きる人たちのためのパーソン・センタードなケアプランニング」というタイトルの日本語版の翻訳は、原著Enriched Care Planning for People with Dementiaが出版された2009年から4年ほどたった2013年5月に始まりました。それからさらに2年ほどたってしまいましたが、この間、2014年の6月に出版社に一通り完成した日本語版をお渡しするまで、監訳者の水野裕先生が何度も東京にある私の拙宅に来てくださり、翻訳会議を行いました。翻訳の内容を確認し、吟味しながら、わかりやすくするための作業を何回か繰り返しました。ヘイゼル・メイたちは、「この本を書きあげるために、少なくとも5年という時間がかかりましたが…」と謝辞の中で書いています（本書、p.6）。ということは、日本語版の出版に至るまでには、とても長い月日がかかったということになります。

この本の著者たちは、ケアにたずさわるすべての人たちに対する大きな期待をもってこの本を出版した、と私は感じています。パーソン・センタード・ケアの実践は、なまやさしいことではない、しかし、必ず実現しなければならないという意識をもって力を尽くしてほしいという思いを込めて、また、認知症をもつ人たちのニーズを満たすためのスキルを磨き続け、あきらめずに取り組み続けてほしい、という激励のメッセージを込めて、この本を完成させたと思います。パーソン・センタード・ケアの実践のためには、パーソン・センタードなケアプラン作成のためのプロセスは不可欠であること、また、プロセスに要する細かい複雑な作業も認知症と共に生きる人たちとのコミュニケーションによってよい人間関係を築くためのすてきなチャンスとなることを教えてくれています。このような著者たちの思いが日本語版をお読みくださる皆様に伝わりますよう心から願っています。

　日本語の言葉の選択については、監訳者の水野先生から多くのことを教えていただきました。先生との議論の中で、「失禁」という言葉を、私が正しく理解して使っていなかったこと、ケアにたずさわる多くの人も間違った意味に使っていることも学びました。監訳者注がたくさんありますが、日本語版の読者にとって馴染みがないと思われることや、わかりにくいと思われることを理解する助けとなるような説明を入れてくださっています。先生との翻訳会議は、私にとっては楽しく有意義な時間でした。多くの患者さんの診察や、プロジェクトを同時に抱えていらっしゃる超過密なスケジュールの先生に、この本の完成まで、パーソン・センタードに翻訳者とお付き合いいただけたことを、光栄に思います。日本語にピッタリ訳せない言葉を追求することについて、先生は、「それが翻訳の醍醐味というものではないでしょうか」と言われました。水野先生、監訳ありがとうございました。

　NPOパーソン・センタード・ケアを考える会の村田康子さんと内田達二さんには、日本語版を読んでいただき、非常にためになる重要な指摘をしていただきました。どうもありがとうございました。パーソン・センタード・ケアの理念と実践の普及のために貢献なさっているお二人が、すてきなお仲間たちと共にこれからもご活躍なさいますよう心から応援しております。いつも、やさしいご支援をありがとうございます。

　優れた編集者でもあるJennifer CahillとJason Marak夫妻にも感謝しております。英国人の書いた英語が難解な時に、何度も助けてもらいました。この二人は、私の質問を通してパーソン・センタード・ケアとは何か、また、DCMとは何

かを理解してくれている人たちです。Dear Jenn and Jason, thank you so very much for your great help！

　翻訳会議のたびに手伝いに来てくれた妹の成子が、先生と私の校正作業中のやり取りを聞いていて、「大変だね」「やさしいね」と励ましてくれました。翻訳の吟味に集中できたのは、妹のおかげです。成子ちゃん、おいしいものを見つけてきてくれたり、作ってくれたり、水野先生をお迎えに行ってくれたり、心のこもった後方支援に感謝しています。

　本書の著者たちに感謝申し上げます。筆頭著者ヘイゼル・メイさんには一度だけイギリスでお会いしたことがあり、共著者ポール・エドワーズさんとドーン・ブルッカー教授のお二人とは2003年にパーソン・センタード・ケアについての講演に愛知県大府市にいらした時以来、DCM研修などのために何回も来日されており、通訳者として、友人としての長いお付き合いが続いております。筆頭著者として、このよい実践のためのガイドを長い時間をかけてまとめ、書きあげてくれたヘイゼルさんにお礼を申し上げます。彼女には監訳者や翻訳者の質問にも答えていただき、「私のパーソンセンタードなケア・プラン」という付録の書式の具体的な記入例がほしいという私のリクエストにも快く応じていただき、ありがとうございました。認知症と共に生きる人たちに対するポールの観察力の確かさは、真に迫った彼のロールプレイが証明しています。ドーン・ブルッカー教授は、この本の理念版ともいえる「VIPSですすめるパーソン・センタード・ケア」の著者です。この理念版に継いで、ヘイゼル・メイとポール・エドワーズと共に、実践版であるこの本にも関わってくださったことに、心から感謝しております。認知症と共に生きる人たちのケアの質の基準に関しては妥協を許さないという強い信念をもって、やさしい声できちんと語るドーンをとても尊敬しています。彼女の書いたものを読んだり、話したりするたびに、私も、ボーっとしてはいられないという気持ちにさせられ、強烈で胸のすくような刺激を受けます。

　出版社クリエイツかもがわの編集者岡田温実さん、途切れ途切れではありますが、ずいぶん長い間お付き合いいただいていることに気がつきました！　編集する人がどんなに大変かが未だに理解できていないので、いろいろとお手数をおかけしました。いつも明るい岡田さんに心から感謝申し上げます。

　この日本語版が、認知症と共に生きる方々や、専門家、家族や親しい友人など、彼らのケアにたずさわる方々のお役に立つことを願って。

翻訳者　中川経子

著　者

ヘイゼル・メイ（Hazel May）
国家（英国）公認作業療法士。多くの認知症ケアサービス提供者や任意団体での臨床家、トレーナー、コンサルタントとして勤務してきている。理念（哲学）とヘルスケア（保健学）修士。現在（2009年）、認知症ケア実践開発コンサルタント、トレーナーとして、ブラッドフォード大学認知症ケア研究グループに勤務。

ポール・エドワーズ（Paul Edwards）
認知症ケア専門の精神科看護師。数年にわたり英国NHS（国民健康保険制度）に勤務し、パーソン・センタード・ケア実践開発に従事、現在（2009年）、ブラッドフォード大学認知症ケア研究グループで認知症ケア実践開発コンサルタント、トレーナーとして勤務。この任務の一環として、様々な組織に、パーソン・センタード・ケアの開発に関する専門的助言を提供し、パーソン・センタード・ケアに関する短期研修コースを実施している。

ドーン・ブルッカー（Dawn Brooker）
ウースター大学（University of Worcester）認知症学学部長、認知症学教授。認定資格をもつ臨床心理士として、臨床家として、サービス管理者として、研究者として、四半世紀以上にわたり認知症をもつ人たちのケアの質の向上に取り組んできた。

監訳者

水野　裕（みずの　ゆたか）
静岡県出身。1987年鳥取大学医学部医学科卒業。2001年認知症介護研究・研修大府センター研究部長。2004年一宮市立市民病院今伊勢分院老年精神科部長、2007年同病院診療部長を経て、2008年より社会福祉法人杏嶺会いまいせ心療センター診療部長／認知症センター長、2010年より同副院長／認知症センター長。
日本老年精神医学会評議員、日本認知症学会評議員、日本認知症予防学会評議員、日本認知症ケア学会理事。日本成年後見法学会制度改正研究会委員／高次脳機能障害研究委員会委員、日本老年精神医学会社会活動部会運営地域担当委員。「パーソン・センタード・ケアとDCM法」認定トレーナー、パーソン・センタード・ケアを各国に広める、国際DCM実施グループ会議日本代表。
著書に『実践パーソン・センタード・ケア──認知症をもつ人たちの支援のために』ワールドプランニング（2008年）ほか。
認知症があっても、適切なサポートがあれば、生き生きと生きることはできるはず、という信念のもと、日々の認知症診療に取り組むと同時に、パーソン・センタード・ケアの正しい理解を広めるために、全国各地で精力的に研修、講演活動を行なっている。また、世界的規模で、パーソン・センタード・ケアを実行に移すために2015年1月に発足したGAP（Global Action on Personhood：認知症を抱えて生きる人たちのパーソンフッドを尊重するための世界的規模の活動）の中核的メンバーの1人である。なお、この活動は、「認知症ケアにおけるギャップ（認知症と共に生きる人々と私たちといった区別や隔たり）を埋めるためのグローバルな活動」という意味を込めて、GAP(ギャップ)と略している。

翻訳者

中川経子（なかがわ　みちこ）
認知症と共に生きる夫の介護者、時々、翻訳者、通訳者。
ニューヨークのフォーダム大学卒業後、日系企業の米国本社に勤務。中国ハルピン生まれ。
2003年以来、パーソン・センタード・ケアに関わる研修、講演の通訳、著作の翻訳にたずさわってきた。

認知症と共に生きる人たちのための
パーソン・センタードなケアプランニング

2016年2月25日　初版発行

著　者　ヘイゼル・メイ
　　　　ポール・エドワーズ
　　　　ドーン・ブルッカー
監訳者　水野　裕
翻訳者　中川経子

発行者　田島英二
発行所　株式会社クリエイツかもがわ
〒601-8382　京都市南区吉祥院石原上川原町21
電話 075(661)5741　FAX 075(693)6605
郵便振替　00990-7-150584
http://www.creates-k.co.jp　info@creates-k.co.jp

印刷所──シナノ書籍印刷株式会社

ISBN978-4-86342-174-5 C0036　　　　　　　　　　Printed in Japan

■ 認知症関連　好評既刊本　　　　　　　　　　　　　　　　　　　　　　　　　　　　　　本体価格表示

認知症の予防、緩和に効果を示す
マインドケアフラワーセラピー ®〈略称マイフラ〉

ひらのひろみ／著

五感に働きかけ、人の力を引き出す芸術療法！　フラワーアレンジメントを通じて心の状態を知ることができる"マイフラ"は、薬に頼らない心のケアとして効果が期待される。特に認知症ケアの実践例とともに具体的な方法をわかりやすく紹介。子どもたちへの「花育」としてもおすすめ。

2000円

ダンスコミュニケーション　　認知症の人とつながる力［CD-ROM 付］

ヘザー・ヒル／著　　三宅眞理・吉村節子／編　　山口樹子／訳

ダンスは認知症の本人にも生きる楽しみと元気を与え、まわりの人との関係も改善してくれる！認知症の人の人生を、そして寄り添う人の人生を豊かにする方法の一つとしてダンスを紹介。さあ、一緒にダンスをしてみませんか？　身体の動かし方やダンスのアイデア、実践方法も詳しく紹介！

1500円

認知症カフェハンドブック

武地 一／編著・監訳　　京都認知症カフェ連絡会・NPO 法人オレンジコモンズ／協力　　**4刷**

イギリスのアルツハイマーカフェ・メモリーカフェに学び、日本のカフェの経験に学ぶ。
日本で開設するための具体的な方法をわかりやすく紹介！　認知症になったからと家に引きこもったり、家族の認知症のことで一人悩んだりするのではなく、気軽にふらっと立ち寄って、認知症のことを話し合ってみたい。そんな思いをかなえる場所、それが認知症カフェです。

1600円

認知症を生きる人たちから見た地域包括ケア
「京都式認知症ケアを考えるつどい」と 2012 京都文書

「京都式認知症ケアを考えるつどい」実行委員会／編著　　**3刷**

京都の認知症医療・ケアの現在と道筋をデッサンし、認知症を生きる彼・彼女から見た地域包括ケアを言語化する試み──「つどい」の全記録。採択された『2012京都文書』の全容が明らかに！

1800円

食べることの意味を問い直す　　物語としての摂食・嚥下

新田國夫・戸原 玄・矢澤正人／編著

最期まで「口から食べる」ための支援と地域づくりの物語──
医科・歯科の臨床・研究のリーダーが、医療の急速な進歩と「人が老いて生きることの意味」を「摂食・嚥下のあゆみとこれから」「嚥下の謎解き─臨床と学問の間」をテーマに縦横無尽に語る！

2200円

介護の質　　「2050 年問題」への挑戦

森山千賀子・安達智則／編著

特別な人が介護を要するのではなく、誰もが介護に関わる時代はすぐそこにきている。地域に根ざした豊富な事例と深い理論的考察、先駆的な取り組みに学びながら、「介護の質」が保障された地域社会を展望する。

2200円

■ 認知症関連　好評既刊本　　　　　　　　　　　　　　　　　　　　　　　　本体価格表示

若年認知症の人の"仕事の場づくり"Q&A
「支援の空白期間」に挑む

藤本直規・奥村典子／著

介護保険サービスへのスムーズな移行が最大の目的ともいえる「仕事の場」で、「働くこと」「仕事」を真ん中に、本人、家族、専門職、地域がつながった！「支えること」「支えられること」の垣根を超えて―。

1800円

認知症ケアこれならできる50のヒント
藤本クリニック「もの忘れカフェ」の実践から

奥村典子・藤本直規／著

 2刷

藤本クリニックの「もの忘れカフェ」の取り組みをイラストでわかりやすく解説。三大介護の「食事」「排泄」「入浴」をテーマにした、現場に携わる人へ介護のヒントがたくさん。【長谷川和夫先生すいせん】

2000円

人間力回復　地域包括ケア時代の「10の基本ケア」と実践100

大國康夫／著（社会福祉法人協働福祉会）

2刷

介護とは、人を「介」し、尊厳を「護る」こと。最期まで在宅（地域）で暮らし続けられる仕組みを構築すること。施設に来てもらったときだけ介護をしてればいいという時代はもう終わった！あすなら苑の掲げる「10の基本ケア」、その考え方と実践例を100項目にまとめ、これからの「地域包括ケア」時代における介護のあり方、考え方に迫る。

2200円

あなたの大切な人を寝たきりにさせないための
介護の基本　あすなら苑が挑戦する10の基本ケア

社会福祉法人協同福祉会／編

7刷

施設内に悪臭・異臭なし。オムツをしている人はゼロ！　全員が家庭浴に。　開所まもない頃の介護事故を乗り越え、老人たちのニーズをその笑顔で確認してきた"あすなら苑（奈良）"。大切な人を寝たきりにさせない、最後までその人らしく生活できる介護とは―。

1800円

Withシリーズ　生き方、逝き方ガイドブック
最期の暮らしと看取りを考える

新田國夫／監修　朝日新聞厚生文化事業団／編

人は誰しも高齢になると不安になる。超高齢社会…病院で死ねない・死なない時代に最期まで納得のいく生き方をまっとうするための画期的なガイドブック。

1700円

Withシリーズ　みんなのうつ
うつ病かなと思ったら

大野　裕／監修　朝日新聞厚生文化事業団／編

カギは「喪失体験」だった！　日常的な落ち込みとうつ病はどう違う？　きっかけや原因は？　治るの？　治らないの？　実は知らない「うつ病って何？」に応えるハンドブック。

1500円

認知症関連　好評既刊本　　　　　　　　　　　　　　　　　　　　　本体価格表示

認知症ケアの自我心理学入門
自我を支える対応法

ジェーン・キャッシュ　ビルギッタ・サンデル／著　訓覇法子／訳

認知症の人の理解と支援のあり方を、単なる技法ではなく、「自我心理学」の理論に裏づけられた支援の実践的な手引書、援助方法を高めていく理論の入門書。認知症の本人と家族、そして介護職員のための最良のテキスト！〔付録〕認知症ケアのスーパービジョン　　　2000円

認知症ケアと予防に役立つ 料理療法

湯川夏子／編著　前田佐江子・明神千穂／共著

高齢者にとって料理は長年慣れ親しんできた日常生活の一端です。それを通して楽しみとやる気を得、役割を担うことで精神面での向上につながります。心と身体に栄養を！　施設や地域、自宅でLet's Try！高齢者施設で人気のメニュー＆レシピ14品を紹介。　　　2200円

VIPSですすめる パーソン・センタード・ケア
あなたの現場に生かす実践編

ドーン・ブルッカー／著　水野裕／監訳　村田康子・鈴木みずえ・中村裕子・内田達二／訳

「パーソン・センタード・ケア」の提唱者、故トム・キットウッドに師事し、彼亡き後、その実践を国際的にリードし続けた著者が、パーソン・センタード・ケアの4要素（VIPS）を掲げ、実践的な内容をわかりやすく解説。　　　2200円

ロングセラー認知症ケアの必読書—本人の声に寄り添って—

認知症の本人が語るということ
扉を開く人 クリスティーン・ブライデン

永田久美子／監修　NPO法人認知症当事者の会／編著

クリスティーンと認知症当事者を豊かに深く学べるガイドブック。認知症の常識を変えたクリスティーン。多くの人に感銘を与えた言葉の数々、続く当事者発信と医療・ケアのチャレンジが始まった……。そして、彼女自身が語る今、そして未来へのメッセージ！　　　2000円

私は私になっていく
認知症とダンスを〈改訂新版〉

クリスティーン・ブライデン／著　馬籠久美子・桧垣陽子／訳

ロングセラー『私は誰になっていくの？』を書いてから、クリスティーンは自分がなくなることへの恐怖と取り組み、自己を発見しようとする旅をしてきた。認知や感情がはがされていっても、彼女は本当の自分になっていく。　　　2000円

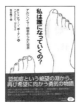

私は誰になっていくの？
アルツハイマー病者から見た世界

クリスティーン・ボーデン／著　桧垣陽子／訳

認知症という絶望の淵から再び希望に向かって歩み出す感動の話！
世界でも数少ない認知症の人が書いた感情的、身体的、精神的な旅―認知症の人から見た世界が具体的かつ鮮明にわかる。　　　2000円